T0145110

Medienwissenschaft: Einführungen kompakt

Reihe herausgegeben von
Ivo Ritzer, Gebäude GWI, Raum 007, Universität Bayreuth,
Bayreuth, Bayern, Deutschland

Die Reihe „Medienwissenschaft: Einführungen kompakt" bietet Lehrenden und Studierenden konzise Perspektivierungen zentraler medienwissenschaftlicher Themenkomplexe. Mit besonderer Priorität auf innovativen Lektüren klassischer Fragestellungen werden grundlegende Begriffsklärungen vorgenommen, an die sich ein konzeptioneller Theorieteil zur Reflexion des jeweiligen Forschungsstandes knüpft. Analytische Kapitel bauen darauf auf und erarbeiten anwendungsbezogen eine Explikation des Theoriespektrums durch Konkretisierung am Beispiel. Die Bände schließen mit einem Ausblick, der aktuelle Forschungsdesiderata benennt sowie eine systematisierte/kommentierte Liste relevanter Literaturhinweise zur Verfügung stellt.

Weitere Bände in der Reihe http://www.springer.com/series/15665

Jens Schröter

Medien und Ökonomie

Eine Einführung

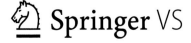 Springer VS

Jens Schröter
Universität Bonn
Bonn, Deutschland

ISSN 2524-3187   ISSN 2524-3195   (electronic)
Medienwissenschaft: Einführungen kompakt
ISBN 978-3-658-26190-0   ISBN 978-3-658-26191-7   (eBook)
https://doi.org/10.1007/978-3-658-26191-7

Die Deutsche Nationalbibliothek verzeichnet diese Publikation in der Deutschen
Nationalbibliografie; detaillierte bibliografische Daten sind im Internet über http://
dnb.d-nb.de abrufbar.

Springer VS

Springer VS ist ein Imprint der eingetragenen Gesellschaft Springer Fachmedien
Wiesbaden GmbH und ist ein Teil von Springer Nature
Die Anschrift der Gesellschaft ist: Abraham-Lincoln-Str. 46, 65189 Wiesbaden,
Germany

Danksagung

Großer Dank an Rosemarie Klein, Lektorat

Inhaltsverzeichnis

1 **Einleitung**.   1

2 **Medienökonomie**.   5

3 **Medien der Ökonomie**   13
   3.1 Mediale Infrastrukturen der Ökonomie   13
   3.2 Ökonomie und Information   14
   3.3 Andere Medien, andere Ökonomien?   24

4 **Ökonomie in den Medien**   37

5 **Fazit und Ausblick**.   61

Literatur.   63

Einleitung

1

Das Thema ‚Medien und Ökonomie' in einer Einführung dieser Länge zu bearbeiten, ist ein schwieriges Unterfangen. Sowohl ‚die Medien', als auch ‚die Ökonomie' sind weite und komplexe Begriffe. Auch legt die Verknüpfung beider Bereiche nahe, dass der Verfasser Kompetenzen in Ökonomie und Medientheorie mitbringen müsste – doch ist der Verfasser dieser Einführung kein ausgebildeter Ökonom, wohl aber ein, an ökonomischen Fragen interessierter, Medienforscher. Überdies gibt es schon Bücher, die „Medien und Ökonomie" heißen, so z. B. der Band von Klaus-Dieter Altmeppen und Matthias Karmasin (2003), der v. a. wirtschafts- und kommunikationswissenschaftliche Perspektiven behandelt. Er steht exemplarisch für ein weites und durchaus heterogenes Feld, das man *Medienökonomie* nennen kann. Dieses dreht sich wesentlich um die Ökonomie der Medienprodukte: Es gibt eine Medienwirtschaft, die Produkte herstellt (z. B. Fernsehsendungen), vertreibt und versucht, damit Gewinn zu erwirtschaften. Um diesen Sektor der Wirtschaft zu beschreiben, benötigt man Ansätze aus der Theorie der Ökonomie, die durchaus verschieden sein können, auch eine ‚Kritische politische Ökonomie der Medien' existiert. Da es in diesem Feld schon eine Reihe hervorragender Einführungen gibt und dieses Feld zudem nicht der zentralen fachlichen Kompetenz des Verfassers entspricht, wird es eher knapp in Kap. 2 behandelt.

© Springer Fachmedien Wiesbaden GmbH, ein Teil von Springer Nature 2019
J. Schröter, *Medien und Ökonomie,* Medienwissenschaft: Einführungen kompakt, https://doi.org/10.1007/978-3-658-26191-7_1

Das entspricht auch der Überzeugung des Verfassers, dass das
Thema ‚Medien und Ökonomie' größer und komplexer ist.

Daher wird in Kap. 3 die Fragerichtung umgedreht und ein
von Disziplinen oder Feldern wie der Mediengeschichte oder
den *Science and Technology Studies* behandeltes Problem diskutiert: nämlich die Frage nach den *Medien der Ökonomie.* Hier
geht es um die Frage, welche historischen Medienentwicklungen
‚die Ökonomie' selbst voraussetzt: Zunächst mag einem da Geld
einfallen – sofern man sich darauf einigen kann, dass Geld ein
Medium ist, was wiederum auf die Probleme des Medienbegriffs
verweist und darauf, ob man nicht besser von medialen Praktiken oder Kulturtechniken sprechen müsste. Aber auch zahllose
andere Medien bzw. mediale Praktiken kommen in den Sinn: die
doppelte Buchführung, der Börsenticker, moderne Banknoten,
die digitalen Technologien des Onlinebankings, Bitcoins u. v. m.
Einige der Forschungen dazu werden vorgestellt.

Problematisch an der Aufteilung von Kap. 2 und 3 ist, dass
die Medien der Ökonomie meistens selbst wieder Produkte
von Industrien sind (Geld ist eine interessante Ausnahme, da es
in der Regel staatlich definiert und geschützt ist, aber im Rahmen staatlicher Regelungen auch von privaten Banken emittiert
wird).[1] So ist etwa Werbung, sei es als Plakat, als Fernseh- oder
Filmclip oder im Internet, einerseits natürlich ein Produkt einer
Medienindustrie, wäre also Gegenstand von Kap. 2. Andererseits ist Werbung auch Medium der Ökonomie, ein Ensemble
medialer Verfahren, mit denen unter Konkurrenzbedingungen
Aufmerksamkeit auf die eigenen Produkte gelenkt werden soll.
Abschließend sei die Frage gewagt, ob mit neuen Medien auch
neue Ökonomien möglich sind: Ermöglichen digitale Medien
z. B. die Abkehr vom Geld (vgl. Heidenreich 2017) oder gilt der

---

[1]Entgegen manchen Mythen über die reine Spontaneität des Marktes wird
daran sichtbar, dass Märkte ohne staatliche Infrastrukturen, die etwa zentrale Medien wie das Geld definieren und mit juristischer und polizeilicher
Gewalt absichern und stabilisieren, nicht zu haben sind. Dasselbe gilt für die
Vertragssicherheit, aber auch für Infrastrukturen wie Bildung etc.

Satz: „Technology changes. Economic laws do not" (Shapiro und Varian 1999, S. 1 f.)?

Kap. 4 beschäftigt sich mit *Ökonomie in Medien.* Das heißt, hier geht es darum, wie in verschiedenen Medien die Ökonomie und ökonomische Prozesse repräsentiert und so auch greifbar und anschaulich werden. Einerseits scheint das noch zum vorhergehenden Kapitel zu gehören, insofern z. B. Börsencharts einen bestimmten Aspekt der Ökonomie darstellen und zugleich damit produzieren. Aber es gibt auch Darstellungen von Ökonomie, die nicht direkt Teil des – frei nach Luhmann – ,Wirtschaftssystems' sind. So gibt es z. B. Kinofilme über das Geschehen an Börsen oder Kinderbücher, die die ,Wirtschaft' erklären sollen – einige solcher Repräsentationen werden exemplarisch behandelt. Es ist die Frage, welche Funktion sie in der gesellschaftlichen Selbstbeschreibung erfüllen.

Eine Eingrenzung lässt sich nicht vermeiden: In Bezug auf Medien wird der Begriff der Ökonomie auch in anderen Formen verwendet, z. B. im Begriff der „Erzählökonomie" (vgl. z. B. Reichert 2008; generell zu verschiedenen „Ökonomien des Medialen" Adelmann et al. 2006). Auch ist der Begriff der „Triebökonomie" etabliert (vgl. z. B. Lyotard 1993; Maul 2017). Diese Verwendungen und Varianten des Ökonomie-Begriffs können hier nicht ausführlich behandelt werden, obwohl ihre Abtrennung von einem ,eigentlichen' Begriff der Ökonomie künstlich ist – so handelt z. B. Ökonomie doch immer auch von Bedürfnissen, was offenkundig nicht weit von Triebökonomien entfernt ist.

Medienökonomie 2

In diesem Kapitel geht es um die Frage nach der Ökonomie von
Medienprodukten – nach dem, was Medienindustrien produzieren und distribuieren: Dieses Feld ist bereits sehr gut untersucht,
beschrieben und zusammengefasst (vgl. u. a. Albarran et al.
2006; Altmeppen und Karmasin 2003; Beck 2011; Doyle 2013;
Grisold 2004; Heinrich 1999, 2001, 2002; Hesse 2014; Kopper
1982a; Toussaint-Desmoulins 2015).

Zunächst kann man festhalten, dass im 20. Jahrhundert und
zumindest scheinbar unabhängig von zentralen Rollen, die Wissen und Information in der Ökonomik zu dieser Zeit generell
spielen werden (siehe Kap. 3), eine intensive Ausbreitung der
Massenmedien stattfand. Insofern ist es nicht überraschend,
dass 1916 aus der Nationalökonomie heraus das erste Institut für
‚Zeitungswissenschaft' gegründet wurde, eine Disziplin, die man
als Vorläufer von Kommunikations- und auch Medienwissenschaft ansehen kann (vgl. Bruch 1980). 1962 veröffentlicht Fritz
Machlup eine dreibändige Studie namens *The Production and
Distribution of Knowledge in the United States*. Er untersucht
erstmals systematisch jene Unternehmungen und Industrien, die
Wissen und Information herstellen und verteilen – darin gibt es
sogar ein eigenes Kapitel (S. 295–321) zu „Information Machines",
in dem auch der „Electronic Computer" behandelt wird. Moti-
vation der Studie ist, dass „the stock of knowledge and especi-
ally the state of technology have customarily been treated as

© Springer Fachmedien Wiesbaden GmbH, ein Teil von Springer
Nature 2019
J. Schröter, *Medien und Ökonomie,* Medienwissenschaft:
Einführungen kompakt, https://doi.org/10.1007/978-3-658-26191-7_2

exogenous variables" (S. 3) des ökonomischen Prozesses. Doch
bemerkt Machlup, dass Wissen gezielt gefördert und produziert
werden kann: „But never before our times was the interest of
economic writers so closely concentrated upon the analysis of
economic growth and development, and thus it is not surprising
that there is now such a burst of activity in studying the productivity of investment in knowledge." 1962 war der Kalte Krieg
auf einem seiner Höhepunkte (1961 Bau der Berliner Mauer,
1962 Kubakrise), mithin ließ die Systemkonkurrenz es ratsam
erscheinen, die Produktivität des eigenen ökonomischen Systems zu steigern – ein Movens für das intensive Vorantreiben der,
ja auch explizit von Machlup auf ‚Business' und ihre Beiträge
zu „the nations product to rise" (S. 322) bezogenen, Computer-
entwicklung (vgl. z. B. Flamm 1988).

Ab den späten 1980er Jahren wurde dann eine ‚Medienökonomie' zum Gegenstand der Forschung, ja ein eigenes dis-
ziplinäres Feld: „So bedeutete Medienökonomik erst einmal
die Anwendung allgemeiner Prinzipien der Ökonomik auf das
wirtschaftliche Geschehen im Sektor der Medienmärkte" (Hutter 2006, S. 21), sie ist, so verstanden, eine „Medienwirtschafts-
wissenschaft" (Heinrich 2002, S. 50).[1] Die Studie von Picard
(1989) gilt als maßgeblich für diese Richtung: „Wie in einem
Standard-Lehrbuch wird zunächst mit der Abgrenzung der
Märkte begonnen, dann werden Konsumentenentscheidungen
bei begrenzten Budgets, Produzentenentscheidungen bei unterschiedlichen Kostenverläufen sowie Monopole und Wettbewerb
behandelt. […] Eigentümlichkeiten des Sektors, wie Größen-
vorteile der Produktion und externe Effekte im Konsum […]
werden zwar erwähnt, spielen aber keine Rolle" (Hutter 2006,
S. 21).[2] Schon dieser letzte Satz deutet Hutters eigenen Zugang
an, der von den ‚Eigentümlichkeiten des Sektors' ausgeht.

---

[1]Hesse (2014, S. 466) weist auf den zögerlichen Konsolidierungsprozess der
‚Medienökonomie' hin und Kiefer (2005, S. 40–43) betont noch 2005, dass
es eine breite Diskussion gebe, was sie eigentlich genau sei.

[2]Eine noch stärker betriebswirtschaftlich orientierte Einführung in die
Medienökonomie findet sich bei Schumann und Hess (2009).

Bevor er seinen eigenen Ansatz der ‚Neuen Medienökonomik‘ darlegt, umreißt Hutter noch die deutsche Diskussion der Medienökonomie, die, manchmal unter dem Motto „Medien-ökonomie – mehr als ‚Ökonomie der Medien‘“ (Kopper 1982b), stärker den doppelten Charakter von Medienprodukten unter-streicht, die zugleich ökonomische Güter und Elemente der gesellschaftlichen Kommunikation (öffentliche, s. u., und meri-torische Güter[3]) sind. Daher haben z. B. Autoren wie Heinrich auch verstärkt Theorien aus dem Bereich der ‚Neuen Institutio-nenökonomik‘ herangezogen, da – wie Heinrich (2002, S. 48) in kritischer Absetzung von Picard (1989) bemerkt – „das sehr komplexe Mediensystem nicht sinnvoll mit den simplen Lehr-buchkonzepten von Angebot und Nachfrage in einer Welt voll-kommener Information analysiert werden kann, wie dies in Lehrbüchern der Medienökonomie bisweilen versucht wird.“[4] In der ‚Neuen Institutionenökonomik‘, die wesentlich auf Coase (1937) zurückgeht, erleichtern Medien die Informations-beschaffung und senken so die ‚Transaktionskosten‘.

Medienprodukte sind nicht nur Waren und Medien senken nicht nur Transaktionskosten, sondern sie sind – als Mittel der Informationsbeschaffung – auch höchst relevant für die Selbst-beschreibung einer Gesellschaft und für ihre demokratische Willensbildung (vgl. Heinrich 2002, S. 53/54, ebd., S. 47, wo Heinrich darauf hinweist, dass die Massenmedien „als Verbin-dungs- und Kontrollorgan der repräsentativen Demokratie eine besondere Rolle spielen“). Daher wird oft die Rolle des Staa-tes und mithin der Regulierung betont: „Die Medienökonomie

---

[3]Meritorische Güter sind solche, die sich eigentlich ökonomisch nicht rech-nen, aber aus kulturellen, historischen etc. Gründen weiter gefördert werden sollen (z. B. Theater, aber auch Schule, öffentlich-rechtlicher Rundfunk, Sport etc.).

[4]Auch Kiefer (2005, S. 76 ff.) analysiert ausführlich die ‚Ökonomischen Institutionen‘ der Medienwirtschaft. Knoche (1999, S. 75–78) diskutiert verschiedene wirtschaftstheoretische Ansätze (Neoklassik, Neue Institutio-nenökonomie/Systemtheorie, Kritische politische Ökonomie der Medien, Marxistische politische Ökonomie der Medien), die hinter verschiedenen Versionen der ‚Medienökonomie‘ stehen.

beschränkt sich damit nicht nur auf die Betrachtung ökonomischer Aspekte des Mediensystems, sondern betrachtet
auch die Konsequenzen der Ökonomisierung für das gesamte
Kommunikations- und Informationssystem einer Gesellschaft"
(Schenk und Hensel 1987, S. 356; vgl. Hesse 2014, S. 468–
470). Diese Spannung zwischen den politischen und den ökonomischen Funktionen der Massenmedien führte auch zu einer
Furcht vor einer „Kolonialisierung der Publizistik durch die
ökonomische Systemrationalität" und weiter: „Medienbetriebe
sind – hierin vom Wirtschaftssektor eben kaum unterscheid-
bar – überwiegend in der Produktionsform des Kapitalismus als
privatwirtschaftliche, rentabilitätsorientiert arbeitende und für
weitgehend anonyme Märkte produzierende Unternehmen organisiert" (Kiefer 2005, S. 22). Daher betont diese Autorin weiter,
in ihrem wichtigen und einflussreichen Versuch „Medienökonomie als Teildisziplin der Publizistik- und Kommunikationswissenschaft" (2005, S. 40) zu etablieren:

> Versucht man eine Definition der Medienökonomie, so wie sie hier
> entwickelt wird, dann handelt es sich um eine Teildisziplin der
> PKW [=Publizistik- und Kommunikationswissenschaft, J. S.], die
> wirtschaftliche und publizistische Phänomene des Mediensystems
> kapitalistischer Marktwirtschaften mithilfe ökonomischer Theo-
> rien untersucht. Bei der Aufgabenbeschreibung ist […] zwischen
> einer positiven und einer normativen Version von Medienökonomie
> zu unterscheiden. Positive Medienökonomie analysiert und erklärt
> die wirtschaftlichen und publizistischen Phänomene des Medien-
> systems, normative Medienökonomie entwickelt Gestaltungsoptionen
> mit Blick auf gesellschaftlich konsentierte Ziele des Mediensystems
> (S. 46).

Michael Hutter setzt sich mit seinem Ansatz sowohl von den
streng neoklassisch-wirtschaftstheoretischen Ansätzen à la
Picard als auch von den deutschen Ansätzen, die Institutionen wie den Staat stärker berücksichtigen, ab. Er kritisiert
beide darin, dass sie „alte, bereits ausgearbeitete Theorie auf
den neuen Bereich der Medienwirtschaft" (2006, S. 23) über-
trügen. Im selben Sinne bemerkt Hesse (2014, S. 470), dass die
‚Neue Institutionenökonomik' Medien als Mittel der Senkung

von Transaktionskosten beschreibe und so Medien auf bloße Instrumente möglichst verlustfreier Übertragung reduziere – eine für die Medientheorie, in der ja bekanntlich das Medium die Botschaft sein soll, nicht anschlussfähige Position. Allerdings bemerkt auch der von Hutter kritisierte Heinrich (2002, S. 50), dass sich der „Mediensektor einerseits signifikant von anderen Sektoren der Wirtschaft unterscheidet"[5], aber „andererseits diese Besonderheiten sehr gut mit wirtschaftswissenschaftlichen Analyseinstrumenten untersucht werden können." Diese letzte Schlussfolgerung weist Hutter zurück und zieht – mindestens ergänzend – eine Kommunikationstheorie, nämlich Luhmanns Systemtheorie (Luhmann 1995) heran. Eine ähnliche Kritik formuliert Hesse (2014, S. 470) auch mit Blick auf Ansätze, die mit kritischen und ‚heterodoxen' ökonomischen Ansätzen arbeiten. Es gibt eine Reihe marxistisch orientierter Arbeiten auf dem Gebiet der Medienökonomie, siehe z. B. Baringhorst und Holler (2006), Fuchs und Mosco (2016), Knoche (2001), Mosco (1996), Prokop (2000), Sevignani (2016) u. v. m. In diesen Diskussionen werden sehr verschiedene Aspekte adressiert: etwa die Ideologieproduktion durch Massenmedien, der Kulturimperialismus globaler – insbesondere amerikanischer – Medienkonzerne[6] und nicht zuletzt die furchtbaren Arbeitsbedingungen (vgl. Sandoval 2015) und die ökologischen Folgeschäden der industriellen Produktion und des Betriebs (man denke etwa an den Energieverbrauch des Internets) von Medientechnologien selbst. Doch auch diese Ansätze seien implizit immer noch zu sehr auf das Modell ‚materieller Güter' fixiert: „Mit den Leitsätzen einer Theorie, die sich modellhaft an der Herstellung von Nähnadeln und der Förderung von Steinkohle orientiert, ist im Fall von Informationsproduktion wenig erklärt" (Hutter 2006, S. 13).

---

[5]Siehe auch Kiefer (2005, Kap. 4 und 5), die detailliert die Eigenheiten des Mediensektors diskutiert.

[6]Siehe dazu neuerdings auch Ritzer (2018), der sich auf Jameson und Žižek bezieht und v. a. die Studie von Grieveson (2018), der die Entwicklung der modernen Massenmedien und die ökonomische wie politische Dominanz der USA im 20. Jahrhundert detailliert rekonstruiert.

Hesse (2014, S. 471) betont, dass Hutter vielmehr das Eigentümliche der Medienprodukte stärker in den Blick rücke – Hutters (2006) Position heißt demnach auch programmatisch ‚Neue Medienökonomik'. Der Rückgriff auf Luhmanns Kommunikationstheorie erlaubt, die ‚Medien', um die es in der Medienökonomik geht, nicht als Dinge, sondern als Unterscheidungen zu verstehen. Ganz explizit setzt sich Hutter sowohl von Picard als auch von Heinrich ab: Dort seien mit ‚Medien' letztlich die Medienunternehmen gemeint, die als Dinge verstandene Medienprodukte herstellen und vertreiben.[7] Demgegenüber betont Hutter (2006, S. 27), dass es die auf den Trägern gespeicherte Information sei, auf die es ankomme – und nähert sich dabei einem in der Medienwissenschaft heute durchaus genutzten Medienbegriff von Speichern, Prozessieren und Übertragen an (Kittler 1993, S. 8). Und Information operiere eben durch Unterscheidungen – was anders sei, sei eben auch neu oder könne es doch zumindest sein. Neuheit sei die zentrale Größe, die in der Ökonomie der Medien prozessiert werde.[8] Die Kommunikationen der Neuheit einer gegebenen Information „werden durch Wiederholung gefestigt und durch Variation zu immer größeren Netzen erweitert" (Hutter 2006, S. 30). Die Nutzer/-innen der Medien, von Hutter ‚Verwender' (S. 28)

---

[7]Es wäre interessant die medienökonomischen Forschungen verschiedener Art auf die Diskussion um ‚Production Studies' (vgl. Vonderau 2013 – interessanterweise bezieht sich Vonderau mit keinem Wort auf die hier vorgestellten Diskurse der Medienökonomie) und kulturwissenschaftliche und ethnografische Erforschungen von Medienindustrien (vgl. z. B. Krauß und Loist 2018) zu beziehen: „Medienökonomie und -management sind oft Gegenstand von Wirtschaftswissenschaften und werden so aus einer spezifischen, aber nicht dezidiert medien- und kulturwissenschaftlichen Perspektive erforscht und gelehrt" (S. 13).

[8]Hutter (2006, S. 23/24) weist allerdings selbst daraufhin, dass es Kommunikation und mithin Neuheit im Grunde überall in der Gesellschaft gibt, was die Abgrenzung eines ‚Mediensektors' vom Rest der Gesellschaft eher schwierig macht (siehe 3). Auch kann man argumentieren, dass die Produktion von ‚Neuheit' ein wesentlicher Zug von Marktwirtschaften generell ist, auch außerhalb der Medienökonomie: Unablässig wird man mit neuen Zahnbürsten belästigt.

genannt, vernetzen sich mit anderen; in diesen Netzwerken finden verschiedene Wertungsprozesse in ‚Wertungsarenen' (Hutter 2018 unter Bezugnahme auf die gegenwärtig vieldiskutierten *Valuation Studies*)[9], Verstärkungen und/oder Abwertungen statt: „Die Auswirkungen von Neuheit, etwa die Erfahrung von Überraschung oder die Verbreitung über Netzwerke, können in Begriffe gefasst werden, die mit konventionellen ökonomischen Darstellungen kompatibel sind" (2006, S. 30).[10] Im Folgenden zeichnet das Buch die „Neuheitsspirale" nach, „entlang derer sich die Märkte der Medienwirtschaft gebildet haben" (S. 31). Selbstverständlich spielt die Werbeindustrie eine zentrale Rolle (S. 95–113). Im letzten Kapitel der Studie „wird die politische Umwelt berücksichtigt. Ohne diese Dimension ließen sich die institutionellen Gegebenheiten in Medienmärkten, gleichgültig in welchen Ländern, kaum schlüssig erklären" (S. 31). Dort geht es wesentlich wieder um die politischen Funktionen der durch Medien übertragenen Informationen: „Medieninhalte sind außerdem selbst ein wichtiges Mittel, um ein Gemeinwesen […] zu repräsentieren" (S. 182). Erneut und nicht in grundsätzlicher Differenz etwa zu Heinrich oder Kiefer wird der spannungsreiche Doppelcharakter von Medienprodukten diskutiert.

Ein Aspekt, der ebenfalls heute und unter marktwirtschaftlichen (oder ‚kapitalistischen') Bedingungen kaum ohne Politik und Recht, Gesetze und Polizei vorstellbar ist, muss abschließend noch diskutiert werden: das Verhältnis von Rivalität (wenn ich das Gut nutze, kann es kein anderer mehr nutzen: ich esse ein Brötchen und dann kann es kein anderer mehr essen) und Ausschließbarkeit (ich kann andere Nutzer/-innen von der Benutzung ausschließen, selbst wenn das Gut an sich nicht rival wäre: z. B. eine Wiese, die ich umzäune). Dies gehört – neben ‚Überraschung' und den ‚Größenvorteilen durch Vervielfältigung' (S. 33–41) – zu den herausragenden und ökonomisch

---

[9]Eine besonders knifflige Frage ist die ökonomische Bewertung von Kunstwerken, siehe dazu Beech (2015).

[10]Hier liegt auch eine deutliche Verbindung zur „Aufmerksamkeitsökonomie" (Franck 1998) vor.

durchaus zweischneidigen Eigenschaften bei Medienprodukten.
Hutter (S. 42–47) diskutiert ausführlich die vier verschiedenen
Möglichkeiten, wie sich die Rivalität und Ausschließbarkeit bei
verschiedenen Typen von Gütern verhalten: rival und ausschließ-
bar (Privatgüter), rival/nicht-ausschließbar (Common-Pool-
Güter), nicht-rival/ausschließbar (Club-Güter) bis zu nicht-rival/
nicht-ausschließbar (öffentliche Güter). Der Punkt ist: Informationen gehören in der Regel zu den öffentlichen Gütern, sie
sind also *nicht knapp* – ein Brötchen kann nur ich essen, dann
ist es weg, eine Information hingegen kann ich weitergeben und
besitze sie dennoch immer noch. Doch die konventionelle ökonomische Theorie baut auf der Grundannahme auf, dass es ökonomische Tätigkeit nur gäbe, weil Güter knapp sind (vgl. Kiefer
2005, S. 13, 47–75; Panayotakis 2011, 2012). Genau darum gibt
es das Urheberrecht und seine Verschärfungen, wie unlängst
durch die EU, die sogenannte ‚Uploadfilter‘ etwa für YouTube
fordert, genau darum gibt es Kopierschutz und Digital Rights
Management (vgl. Schröter et al. 2010a, b), um Informationen,
die nicht knapp sind, künstlich zu verknappen. Kiefer (2005,
S. 144) argumentiert allerdings, dass Medien ökonomische Güter
seien, weil sie knapp seien – eben weil sie auf Märkten einen
Preis erzielen. Aber setzt dies nicht voraus, was zu erklären
wäre? Die ganze Diskussion um Kopierschutz und Urheberrecht,
um die Verbote von Tauschbörsen und Filesharing zeigen doch
nur: Zumindest unter digitalen Bedingungen können überhaupt
nur noch Preise erzielt werden, weil die Informationsgüter verknappt werden. So gesehen bricht mit den digitalen Medien ein
„Kampf um die Warenform" (Meretz 2007) aus – und die Frage
dämmert am Horizont, ob der Übergang zu den digitalen Medien
und den damit drastisch gestiegenen Möglichkeiten, Informationen zu kopieren, zu verteilen und zu bekommen, nicht eine
grundsätzliche Herausforderung für die gegenwärtigen Formen
von Ökonomie ist.

Medien der Ökonomie

3

3.1 Mediale Infrastrukturen der Ökonomie

Auch wenn verschiedene Unterschiede zwischen Mediengütern und sonstigen Gütern, wie etwa die Nicht-Rivalität, auffällig sind, handelt es sich bei ‚Medienökonomie' um eine äußerliche Beziehung zwischen ‚der Ökonomie' und ‚den Medien'. Diese entspricht einem oft in der Soziologie oder der Kommunikationswissenschaft anzutreffenden Medienverständnis. Danach sind Medien eine Art Teilsystem der Gesellschaft und werden in der Regel mit den klassischen Massenmedien identifiziert (vgl. z. B. Luhmann 1995). Auf dieser vorausgesetzten Trennung basieren auch Ansätze, die etwa danach fragen, wie bestimmte Teilsysteme, wie das der Politik, schrittweise einer ‚Media Logic' unterworfen werden (vgl. Altheide und Snow 1979).[1]

Für die im deutschen Sprachraum in verschiedenen Formen neben der Kommunikationswissenschaft existierende Medienkulturwissenschaft ist diese Aufteilung aber nicht annehmbar. In dieser, selbst ziemlich heterogenen (vgl. Bergermann 2015), Disziplin wird meist die Auffassung vertreten, dass Medien

---

[1]Und auch Winklers (2004, S. 10) Frage nach der Strukturanalogie zwischen Medien und Ökonomie setzt ihre Trennung voraus.

© Springer Fachmedien Wiesbaden GmbH, ein Teil von Springer Nature 2019
J. Schröter, *Medien und Ökonomie,* Medienwissenschaft: Einführungen kompakt, https://doi.org/10.1007/978-3-658-26191-7_3

vielmehr die *Bedingung* aller anderen Wissensformen, Institutionen und Praktiken sind, in dem Sinne, dass überall Information aufgespeichert, übertragen, verarbeitet und dargestellt werden muss (um den für die Medienkulturwissenschaft wichtigen Medienbegriff von Friedrich Kittler 1993, S. 8, heranzuziehen).[2] Man kann so gesehen nicht ‚die Ökonomie‘ ‚den Medien‘ gegenüberstellen – vielmehr kann man, um einen Vorschlag von Erhard Schüttpelz (2016) aufzugreifen, infrastrukturelle von öffentlichen Medien unterscheiden. Während dann die Massenmedien wie Film und Fernsehen ‚öffentliche Medien‘ sind, deren Produkte, wie Filme, eben eine Ökonomie haben, liegen allem, was wir ‚Ökonomie‘ nennen, aber selbst infrastrukturelle Medien zugrunde (die allerdings ihrerseits wieder eine Ökonomie haben).[3] In der neueren Forschung wurde etwa der Begriff ‚market devices‘ vorgeschlagen, um den Blick auf die infrastrukturellen Medien des Marktes zu lenken (vgl. Callon et al. 2007; vgl. auch den Überblick bei Dommann et al. 2018).[4]

3.2   Ökonomie und Information

Wenn Medien nun definiert sind als technologische Verfahren (und die ihnen zugehörigen Praktiken), die der Speicherung, Übertragung, Verarbeitung und Darstellung von Information dienen,

---

[2]Diese Beschreibung ist allerdings insofern problematisch, als sie die umgekehrte Frage – nämlich wie bestimmte Praktiken ihrerseits bestimmte Medien hervorbringen – nicht einschließt. Diese Frage wird hier immer wieder eine Rolle spielen, insofern natürlich die Durchsetzung von Medien auch ein ökonomisches Problem ist.

[3]Um das an einem Beispiel zu verdeutlichen: Ein Unternehmen benötigt z. B. eine Buchhaltungssoftware auf entsprechenden Computern als infrastrukturelles Medium, muss diese Software und die Computer aber wiederum käuflich erwerben, siehe schon Machlup (1962, S. 299 ff.). Zur Verbindung von Information und Ökonomie siehe auch Bowker (1994).

[4]Siehe allerdings zur Kritik an Callon Schröter (2016). Insbesondere ist die Verengung und Vereinseitigung der Ökonomie auf den ‚Markt‘ bei Callon und seinen Mitarbeitern problematisch.

dann stellt sich als Erstes die Frage, welche Rolle Information in der Ökonomie spielt. Und in der Tat: 2017 erscheint von Philip Mirowski und Edward Nik-Khah die Studie *The Knowledge We Have Lost in Information. The History of Information in Modern Economics,* in der detailliert rekonstruiert wird, wie im 20. Jahrhundert der Begriff der ‚Information' immer zentraler für das Verständnis von Ökonomie wird (vgl. Wessling 1991).

Ein wesentlicher Ausgangspunkt dafür ist die Argumentation von Friedrich August von Hayek (Nobelpreis 1974): Der Markt wird bei Hayek als eine Art Medium verstanden, welches das disperse Wissen der Gesellschaftsmitglieder koordinieren und so nutzbar machen kann: „Auf welchen verschiedentlichen Wegen das Wissen, auf das die Menschen ihre Pläne gründen, zu ihnen gelangt, ist das entscheidende Problem für jede Theorie, die den Wirtschaftsprozeß erklären soll" (Hayek 2007, S. 58). Doch niemand hat dieses Wissen in Gänze vorliegen, es ist *verteilt.* Und zudem ist es *situiert,* wie Hayek immerzu betont, bzw. genauer: Er differenziert zwischen verschiedenen Formen des Wissens – grob kann man zwischen globalem, universellem Wissen (dem naturwissenschaftlichen Wissen) und dem lokalen, situierten und impliziten Wissen, das für die Durchführung ökonomischer Operationen erforderlich ist, unterscheiden. Hayek kritisiert insbesondere, dass das Modell des naturwissenschaftlichen Wissens auf ökonomische Prozesse projiziert worden ist und so die fälschliche Vorstellung entstand, man könnte das ökonomische Wissen an einem Ort zusammenziehen. Das ist Hayeks zentrales Argument gegen jede Form zentraler Wirtschaftsplanung. Er betont:

Wenn wir darüber einig sind, dass das wirtschaftliche Problem der Gesellschaft hauptsächlich ein Problem der raschen Anpassung an die Veränderungen in den besonderen Umständen von Zeit und Ort ist, so scheint daraus zu folgen, dass die Entscheidungen schließlich den Leuten überlassen werden müssen, die mit diesen Umständen vertraut sind, die unmittelbar von den relevanten Veränderungen und von den sofort verfügbaren Mitteln wissen, die die Anpassung erfordert. Wir können nicht erwarten, dass diese Probleme dadurch gelöst werden können, dass zuerst all diese Kenntnis *einer zentralen Behörde mitgeteilt wird, die, nachdem sie alles Wissen zusammengefaßt hat, ihre Anordnungen trifft.* Sie müssen durch irgend eine [sic]

Form der Dezentralisation gelöst werden. Aber das beantwortet nur einen Teil unseres Problems. Wir brauchen Dezentralisation, weil wir nur so erreichen können, dass die Kenntnis der besonderen Umstände von Zeit und Ort sofort ausgenützt wird. Aber der ‚Mann vor Ort‘ kann nicht allein auf der Grundlage seiner beschränkten aber detaillierten Kenntnis der Tatsachen seiner unmittelbaren Umgebung entscheiden. Es bleibt noch das Problem, ihm jene weitere Information zu vermitteln, die er braucht, um seine Entscheidungen an die Veränderungsmuster der Gesamtwirtschaft anzupassen (ebd., S. 63).[5]

Diese ‚Vermittlung von Information‘ – die offenkundig ein medialer Prozess ist, geschieht nach Hayek (ebd., S. 65) eben über das Preissystem: „Wir müssen das Preissystem als einen solchen Mechanismus zur Vermittlung von Informationen ansehen." Die Preise, ausgedrückt im Medium Geld, das gegen die Waren getauscht wird, signalisieren Produktionsnotwendigkeiten, Knappheit etc.

Es ist nicht nötig, hier weiter auf die Rezeption von Hayeks Ideen einzugehen, wie sie Mirowski und Nik-Khah (neben

---

[5]Dazu grundlegend auch: Steele (1992); Burczak (2006). Weiterführende Diskussionen haben sich an der Frage entzündet, ob auch dezentrale oder distributive Planungsformen, die durchaus auch ‚irgendeiner‘ von Hayek geforderten ‚Form der Dezentralisation‘ entsprechen könnten, seiner Kritik unterliegen oder nicht (zumal Hayek ja einräumt, dass in Marktwirtschaften dezentral geplant wird). Hier sei nur auf die Diskussion zwischen Adaman und Devine (2001); Hodgson (1998, 2005) verwiesen. Auch wurde diskutiert, ob sich das Hayeksche Wissensproblem nicht mit den heutigen situierten und mobilen Medien selbst verändert, siehe Kathöfer und Schröter (2018). Ein Autor, der noch vor Hayek das Problem der Information scharf stellte, war 1921 Knight (1964), S. 261: „The collection, digestion, and dissemination in usable form of economic information is one of the staggering problems connected with our modern large-scale social organization." Knight war übrigens auch einer der Lehrer von Harold Innis (Hesse 2006, S. 121), der wiederum ein zentraler Einfluss für Marschall McLuhan war – auch so gesehen spielt die ökonomische Theorie in der Genealogie der Medientheorie eine zentrale Rolle (die Herkunft der ‚Zeitungswissenschaft‘ aus der Nationalökonomie wurde weiter oben schon erwähnt). Hesse (2006) vertritt generell die interessante These, dass die Frage nach Information und Wissen in der Ökonomik immer im Zusammenhang mit ökonomischen Krisen auftritt.

anderen Ansätzen) detailliert darstellen – und auch nicht auf die Frage, ob die Information, wie bei der Theorie perfekter Märkte angenommen werden muss, wirklich allen Marktteilnehmern vollständig zur Verfügung steht oder auch nur stehen kann (vgl. Stiglitz 2000; einer der wichtigsten Texte, der zeigt, dass Information auf Märkten durchaus asymmetrisch sein kann, ist Akerlof 1970). Entscheidend ist nur, dass es in der Ökonomie offensichtlich neben der Güter- auch um Wissenszirkulation geht[6], für die es infrastrukturelle Medien gibt – hier zunächst das Geld. Die Materialität und Form des Geldes kann stark variieren, entscheidend ist, dass es hinreichend stabil, gültig und zählbar ist.[7] Hier kann nicht die umfangreiche und komplexe Diskussion um das Geld wiedergegeben werden, ja nicht einmal jene um die Frage, ob es als ,Medium' richtig bezeichnet ist.[8] Auch erschien es historisch in sehr verschiedenen nationalen Währungen und v. a. medialen Formen, im immobilen und sperrigen Steingeld von Yap etwa, in Münzen aus Edelmetall, als Papiergeld, als Kreditkarten und schließlich als Form digitaler Daten (inkl. verschiedener Spezialfälle, z. B. Mobiltelefon-Währungen wie M-PESA oder in den gegenwärtig stark diskutierten Kryptowährungen wie Ether oder Bitcoin).[9]

---

[6]Weswegen Hartmut Winkler (2004) zu Recht eine Nähe zwischen der Zirkulation der Waren und der Zirkulation der Zeichen annimmt – zumal, worauf Winkler nicht gesondert eingeht, auch ,Waren' als (zumindest auch) zeichenförmig verstanden werden müssen, insofern sie einen Wert und einen Preis tragen, der ihnen nicht materiell eigen ist. Siehe dazu Schröter (2018).

[7]Zur Geschichte des Geldes gibt es eine unüberschaubare Literatur, siehe nur als drei Beispiele Davies (2002); Wray (2012); Aglietta (2018).

[8]Zur Theorie des Geldes gibt es eine unüberschaubare Literatur, siehe nur die Kompilation in Ingham (2005); die Studien Woll (2001); Ingham (2004) oder Paul (2017). Zur Frage, inwiefern es als Medium richtig bezeichnet ist, siehe u. a. Hörisch (2004, 2014); Winkler (2004, S. 36–49); Ellenbürger (2018).

[9]Zu den zahllosen Formen des Geldes gibt es eine unüberschaubare Literatur, siehe nur z. B. zum sogenannten Steingeld auf Yap Gilliland (1975), zur Kreditkarte Gießmann (2017), kritisch zu Bitcoin Golumbia (2016) und zu M-PESA Hughes und Lonie (2007). Zur Differenz von Geld und Währung siehe u. a. Weatherford (1999).

Sicher scheint jedenfalls: Wenn die von Hayek vorausgesetzte Situation getrennter Privatproduktion (und nicht etwa z. B. einer demokratisch organisierten Produktion, s. u.) gegeben ist, dann ist Geld als infrastrukturelles Medium schlicht unverzichtbar.[10] Wenn Menschen getrennt voneinander produzieren, müssen sie danach ihre Waren auf Märkten tauschen – und dann sehen, ob ihre Produktion erfolgreich sein wird. Daher benötigt eine marktförmige Ökonomie auch Werbung als eine Weise des Einsatzes von Medien – Werbung ist ein interessanter Fall, insofern nicht ganz klar ist, ob es sich um ein infrastrukturelles oder doch eher um ein öffentliches Medium der Ökonomie handelt, um auf Schüttpelz' Unterscheidung zurückzukommen.[11] Werbung scheint auch ein Beispiel dafür zu sein, dass eine marktförmige Ökonomie mehr als nur in Geld ausgedrückte Preissignale – wie Hayek behauptet – als Informationsmedien benötigt.

Im Folgenden sollen drei weitere wichtige infrastrukturelle Medien der Ökonomie knapp vorgestellt werden (es gibt natürlich noch weitere Medien der Ökonomie[12]): die doppelte Buchführung,

---

[10]Für eine Marktwirtschaft ist es konstitutiv, dass die Produzierenden privat und getrennt voneinander produzieren – um sich *dann* (ex post) auf dem Markt zu treffen und auszutauschen (also über Geld und sonst nicht kommunizieren, was allerdings eine leicht irreale Annahme ist), statt z. B. von vornehrein (ex ante) ihre Produktion kommunikativ zu koordinieren, wobei Mechanismen wie die Marktforschung bereits eine Art von Ex-ante-Koordination darstellen. Grundsätzlich hat dies Karl Marx herausgearbeitet, vgl. Marx (1962 [1890]), S. 57: „Nur Produkte selbstständiger und voneinander unabhängiger Privatarbeiten treten einander als Waren gegenüber." Eine andere Frage ist es, ob die historische Genese des Geldes aus Tauschprozessen zu erklären ist (und nicht z. B. vielmehr aus Schuldverhältnissen heraus), diese Debatte ist ebenfalls kaum überschaubar, vgl. verschiedene Texte dazu aus Ingham (2005).

[11]Vgl. zu Werbung aus Sicht medientheoretischer Positionen Bartz und Miggelbrink (2013).

[12]So könnte man die Uhr und andere Technologien der Zeitmessung und Zeitkoordination als zentrale Medien der Ökonomie benennen: Vom morgendlichen Aufschrecken der Arbeitnehmer durch Wecker, über Stechuhren, die Arbeitszeiten vermessen, bis zu jener Geschichte der weltweiten Synchronisation von Zeit, durch die eine ‚globale Ökonomie' sich erst wirklich konstituieren kann. Vgl. zu Messen und Maß bei Marx Schlaudt (2011). Andere

dann der Börsenticker und schließlich der Komplex der Telekommunikationsmedien wie Telegrafie und Telefon.

Die Verwendung von Geld und d. h. die Form, den Wert von Gütern in abstrakten Zahlen auszudrücken[13], erlaubt auch, mit diesen Werten zu rechnen – was wir selbstverständlich in unserer Sprache mit uns führen, etwa wenn wir sagen, dieses oder jenes ‚rechne sich nicht' und also sei davon ökonomisch Abstand zu nehmen. Es ist eine heute alltägliche Praxis, dass Kaufleute (und nicht nur diese) ‚Buchführung' betreiben, um durch das sorgfältige Aufschreiben aller Vorgänge und das Rechnen mit den Werten ihren Profit oder Verlust zu kalkulieren und den Überblick über ihre Geschäftsvorgänge zu behalten. Die doppelte Buchführung, 1494 von Lucia Pacioli zum ersten Mal weitgehend vollständig systematisch dargestellt (zur Geschichte siehe die Einführung von Gleeson-White 2015; zu den Grundlagen mit Übungsaufgaben siehe Quick und Wurl 2017), gilt als vielleicht *die* wichtigste mediale Praxis der Marktwirtschaft. Schon 1902 hatte Sombart in seinem Buch *Der moderne Kapitalismus,* also der Studie, durch die wesentlich der Begriff des ‚Kapitalismus' erst popularisiert wurde, die doppelte Buchführung zur Bedingung des Kapitalismus erklärt. „Was nun aber der doppelten Buchführung jene entscheidende Bedeutung für die Entwicklung kapitalistischen Wesens verleiht, ist der Umstand, da[ß] sie in der That [sic] erst in ganzer Vollendung, die der kapitalistischen Geschäftsführung entsprechende Systematisierung ermöglicht." (Sombart 1902, S. 393/394). Dieses

---

Beispiele wären Plantafeln (Conrad 2017), weitere Medien des Managements (Schreiber 2018), die allgegenwärtigen Diagramme, die z. B. Börsenkurse zeigen (Yates 1984), Medien der Logistik (Dommann 2011) oder Geldautomaten (Essinger 1987; Coopey 2004). Aber auch die Wirtschaftswissenschaft setzt verschiedene infrastrukturelle Medien voraus, etwa mathematische Darstellungen (Langenohl 2017) oder früher sogar analoge, hydromechanische Computer (Bissell 2007). Zur Mediengeschichte der Unternehmensberatung siehe Hoof (2015).

[13]Wie dieser Wert auch immer zustande kommt und wie er sich auch immer zum Preis verhält. Die Untiefen der Werttheorie seien hier umschifft.

medientheoretisch klingende Argument, welches in ähnlicher
Form auch bei Max Weber auftaucht, ist im Folgenden vielfach
diskutiert und kritisiert worden – einen sehr guten einführenden
Überblick liefert Chiapello (2007). Im 20. Jahrhundert wurden
zunehmend Verfahren der Buchführung genutzt, um die ‚volks-
wirtschaftliche Gesamtrechnung' (die uns in Zahlen wie dem
BIP unausgesetzt in den Nachrichten begegnet) aufzustellen,
also gleichsam einen synoptischen Überblick über ‚die Wirtschaft' zu geben (vgl. Schmelzer 2016; Vanoli 2005).

Ähnlich zentral wie die doppelte Buchführung für Produktion
und Handel ist der Börsenticker für den Börsenhandel, also die
Finanzsphäre. Preda (2006) hat detailliert die Frühgeschichte des
Börsentickers in der zweiten Hälfte des 19. Jahrhunderts untersucht. Er beschreibt, wie der „ticker generated temporal structures and modes of visualizing these structures, together with
representational languages, interpretive tools and boundaries
associated with access to financial data" (ebd., S. 753). Dabei
geht es nicht um einen einseitigen technologischen Determinis-
mus. Obwohl „financial actors needed accurate, timely information about price variations" (ebd., S. 760), war die Einführung
des Börsentickers v. a. wegen seiner anfänglich schwierigen und
komplizierten Technologie (ebd., S. 763) und wegen etablierter
Rollenmuster und Machtverteilungen voller Umwege – ähnliche
Vorgänge hat Zaloom (2006) für die viel spätere Einführung des
elektronischen Handels v. a. am Chicago Board of Trade untersucht:

> Markets are arrangements of technical devices, such as the trading
> pit and telephone; techniques, such as the bodily postures that trad-
> ers master and institutional arrangements, such as the design of the
> Perkins Silver trading room or agreements for trading and payment
> with the German-Swiss exchange Eurex. Technical devices such as
> computer screens, which may seem freestanding, always operate in
> relation to human skills and institutional contexts, giving managers
> and designers the opportunity to organize their use (S. 168).

Zaloom spricht auch das Telefon an. Telefon und Telegrafie waren früh wichtige Medien der ökonomischen Infrastruktur – schon 1857 hatte Karl Knies, seinerzeit Professor für

Kameralwissenschaften in Freiburg, ein Buch mit dem Titel „Der Telegraph als Verkehrsmittel" publiziert (siehe auch Hesse 2002). 1937 bemerkte der Ökonom Ronald Coase in seinem berühmten Text *The Nature of the Firm:* „Inventions which tend to bring factors of production nearer together, by lessening spatial distribution, tend to increase the size of the firm. Changes like the telephone and the telegraph which tend to reduce the cost of organising spatially will tend to increase the size of the firm. All changes which improve managerial technique will tend to increase the size of the firm" (S. 397). Hier wird ein direkter Effekt der neuen Kommunikationstechnologien auf die Ökonomie, in diesem Falle bzgl. der Größe einer der wichtigen ökonomischen Institutionen, nämlich der Firma, behauptet. Einleuchtend ist in jedem Fall Coase' These, dass Medien helfen können, räumliche Distanzen (‚spatial distribution') zu überwinden und so etwa den Aufbau globaler Strukturen zumindest erleichtern und beschleunigen.

Dass die heutige globale Ökonomie mit ihren transnationalen Wertschöpfungsketten kaum ohne das Internet denkbar ist, scheint wenig erläuterungsbedürftig. Die hiermit angedeutete Kontinuität zwischen bestimmten Funktionen von Medientechnologien für die Ökonomie vom 19. bis ins 21. Jahrhundert unterstreicht Beniger in seiner Studie *The Control Revolution* (1986). Er geht der Vermutung nach, dass der Übergang der westlichen Gesellschaften zu einer ‚Informationsgesellschaft' ein Effekt einer während der industriellen Revolution aufgetretenen Kontrollkrise sei. Die im Einklang mit dem Befund von Mirowski und Nik-Khah festgestellte „expanding economy of information" sei „as a means of control" zu verstehen (S. viii). Die Krise, die es zu kontrollieren gelte, träte auf in einer „period in which innovations in information processing and communication technologies lagged behind those of energy and its application to manufacturing and transportation" (S. vii). Mit der industriellen Revolution beschleunigten sich der Ausstoß an Waren, der Verbrauch von Materialien und Energie und mithin die Probleme der Logistik, Organisation, Koordination und Zirkulation so sehr, dass es die bisherigen Potenziale zu sprengen drohe

(S. 219 ff.).[14] Ein zentraler Aspekt dieser Krise war z. B. der
Zugverkehr, seine Sicherheit und Koordination – worauf die digitale Technologie des Telegrafen zunehmend zum Einsatz kam.
Beniger schildert ausführlich, wie sich diese Notwendigkeit von
Koordination und Kontrolle in der immer weiter zunehmenden
und sich ausdifferenzierenden Nutzung von Informationstechnologien niederschlägt, die endlich und nicht zufällig in die von
Gilles Deleuze (1993) beschworene ‚Kontrollgesellschaft' mün-
det, als deren zentrale Technologie ausdrücklich der Computer
benannt wird.

Nach 1945 breiten sich zunehmend digitale Computer-
technologien aus. Ihre Geschichte ist komplex (schreibt man die
Geschichte der Rechenmaschinen? Ihrer Vernetzung? Der Software? etc.) und kann hier nicht einmal umrissen werden.[15] Hier
kann es nur um die Rolle in ökonomischen Prozessen gehen –
und auch diese Geschichte ist viel zu komplex, um mehr als nur
skizziert werden zu können.

Viele der medialen Verfahren, die wichtig für die Organisation von Unternehmen oder die Koordination des Transports
sind, existieren in digital modifizierter Form heute noch: So
wird jetzt mit Smartphones telefoniert, mit Skype können aber
auch Besprechungen abgehalten werden, die E-Mail, mit der
man auch Daten wie z. B. Konstruktionspläne übertragen kann,
ist vielfach an die Stelle der Post getreten (es sei denn, es geht
um relevante Unterschriften). Für die doppelte Buchführung
gibt es inzwischen avancierte Softwarepakete zu kaufen; die
Lagerhaltung geschieht über spezielle Software, womöglich mit
RFID-getaggten Beständen. Preise sind als QR-Codes auf Gütern

---

[14]Diese Beschleunigung kann man wiederum mit Marx (1963 [1893],
S. 127/128) als Effekt des Bestrebens beschreiben, die Umlaufzeit des Kapitals der „Umlaufzeit = 0" anzunähern. Die von Autoren wie Virilio (1980)
und Latour (2006, S. 275/276) immer wieder festgestellte, aber nicht verstandene Beschleunigung der Moderne findet in dieser akzelerativen
Bewegung des zentralen infrastrukturellen Mediums kapitalistischer Ökonomie eine Begründung.

[15]Siehe aus der umfangreichen Literatur nur Haigh (2011); Mahoney (2011)
und zum Internet Abbate (1999).

angebracht, um den Durchsatz an Kassen zu beschleunigen – dereinst werden dann womöglich die Kassierer/-innen vollends überflüssig gemacht. Auch die Bahn-App leistet – ein wenig wie der Telegraf im 19. Jahrhundert – gute Dienste, um das unaufhörliche Chaos bei der Deutschen Bahn jedenfalls für einen selbst noch halbwegs überschaubar und kontrollierbar zu halten – wohl nur noch so funktioniert der Pendlerverkehr zum Arbeitsplatz etc. Und natürlich und wie bereits erwähnt wurde auch der Börsenticker – obwohl es Laufbänder mit Börsendaten, die seine Ästhetik beerben, heute noch z. B. in Fernsehsendungen über die Wirtschaft zu sehen gibt – durch die komplexen und immer schneller werdenden Digitalmedien des computergestützten Hochgeschwindigkeits- und Hochfrequenzhandels abgelöst (neben Zaloom 2006 siehe u. a. Avanessian und Nestler 2015; Beverungen und Lange 2017; Lange et al. 2016).

Solche Prozesse der Digitalisierung v. a. der amerikanischen Ökonomie hat James Cortada (2004, 2006, 2008, 2012) ausführlich untersucht und materialreich beschrieben.[16] Aber auch alternative ökonomische Systeme haben versucht, Computer zur Planung und Koordination heranzuziehen, so etwa die zentral geplanten Ökonomien des sogenannten ‚realen Sozialismus‘ (vgl. Cave 1980; Gerovitch 2002; siehe auch Schaupp 2017 zur Nutzung von Computern für demokratische Ökonomien).

Aber nicht nur haben digitale Medien praktisch alle infrastrukturellen Funktionen für die Ökonomie übernommen, sie haben auch eine neue „Ausweitung der Verwertungszone" (vgl. Heilmann 2015) geschaffen, z. B. indem über soziale Medien vormals private Vorgänge wie die Kommunikation unter Freunden nun auswertbare und verwertbare Daten erzeugen – ein Vorgang, den man mit Marx als eine Form ‚ursprünglicher

---

[16]Lesenswert, wenn auch nicht allein auf Ökonomie fokussiert, Gugerli (2018). Zur Geschichte der Softwarebranche in Deutschland, wo auch wiederholt auf die Rolle von Software für Buchhaltung hingewiesen wird, Leimbach (2010). Siehe Schuhmann (2012) zur Computerisierung der Arbeitswelt in der BRD. Vgl. Haigh (2001) und die Aufsätze in Aspray und Ceruzzi (2008).

Akkumulation' bezeichnen könnte[17] und der auch den Namen
‚Plattformkapitalismus' bekommen hat (vgl. Srnicek 2017).
Auch sind mit digitalen Technologien neue Formen der Wäh-
rung bzw. des Geldes entstanden, v. a. die viel diskutierten
Kryptowährungen wie Bitcoin, die einerseits die mediale Form
‚Geld' auf einer technischen Basis wie der Blockchain wieder-
holen, andererseits digital verschieben – z. B. benötigen Krypto-
währungen keine Banken mehr (vgl. kritisch: Golumbia 2016).
Die Umhüllung des Erdballs mit digitalen Netzwerken hat zu
Diskussionen über ‚planetare Komputation' geführt (vgl. Bratton
2015), in deren Gefolge neuartige ökonomische Formen erwartet
werden (vgl. Aigner und Scholz-Wäckerle 2018).

3.3   Andere Medien, andere Ökonomien?

Ein Ausfall des Mediums Geld, etwa durch eine Hyperinflation
oder Ähnliches, hätte verheerende Folgen für unsere gegenwärtige Ökonomie[18], dasselbe würde zweifellos für eine, wie
auch immer verursachte, massive Störung des Internets oder
einen entsprechenden Hack der Computer an den Börsen gel-
ten. Wenn aber die Ökonomie so stark von infrastrukturellen
Medien abhängt – dann drängt sich unweigerlich die Frage auf,
ob es andere infrastrukturelle Medien geben könnte, die eine
andere Ökonomie erzwingen oder, wenn gewünscht, zumindest
im Prinzip ermöglichen.[19] Dem steht allerdings die schon in

---

[17]Also dem Prozess, in dem – durchaus auch gewaltförmig – nicht waren-
förmige Entitäten in Waren verwandelt werden, z. B. durch Einhegung und
Verknappung, vgl. Marx (1962 [1890], S. 741–791). So gesehen ist auch die
in Kap. 2 diskutierte Verknappung nicht-rivaler Informationsgüter eine Form
der ursprünglichen Akkumulation.

[18]U. a. deswegen sind Währungen als tangible mediale Objekte so stark
gegen Fälschung geschützt, siehe Schröter (2015).

[19]So hat ja schon Marx (Marx und Engels 1977, S. 130), etwas überspitzt,
formuliert: „Die Handmühle ergibt eine Gesellschaft mit Feudalherren, die
Dampfmühle eine Gesellschaft mit industriellen Kapitalisten". Siehe detailliert zur Frage nach der Technik bei Marx MacKenzie (1984).

der Einleitung zitierte Aussage entgegen: „Technology changes. Economic laws do not" (Shapiro und Varian 1999, S. 1 f.). Dieses Zitat, gerade aus einem Buch über die ökonomischen Möglichkeiten ‚neuer', ‚digitaler' Medien, entnommen, suggeriert, dass es keine andere Ökonomie geben kann – selbst wenn die Technologien sich wandeln. Und es scheint zu stimmen: Ein denkbarer Zusammenbruch der Ökonomie aufgrund der plötzlichen Dysfunktionalität ihrer Medien bedeutet ja nicht, dass andere Medien andere Ökonomien möglich machen. Vielmehr scheint die Geschichte der Utopien von anderen gesellschaftlichen Formen (also auch: Ökonomien) durch neue Medien, wie sie immer wieder auftauchen, dies eher zu widerlegen. Auch wenn zu Beginn der Ausbreitung des Internets allerlei durchaus übertriebene Hoffnungen formuliert wurden (Schröter 2004) – heute ist das Internet wesentlich ein Medium, welches zur Schaffung transnationaler Wertschöpfungsketten dient (s. o.), Nutzerdaten sammelt, um Werbung für kapitalistische Waren besser platzieren zu können, ja das wesentlich zur Überwachung und Kontrolle benutzt wird. Einerseits scheint von einer ‚digitalen Revolution', in irgendeinem anderen als bloß rhetorischen Sinne, weit und breit nichts zu sehen zu sein. Andererseits werden – auch in der eher konservativen Presse – unaufhörlich die ‚Digitalisierung' und ihre offenbar als ‚disruptiv' verstandenen Effekte diskutiert: So ganz sicher scheint man sich nicht zu sein. So schreiben Bardt und Hüther (2018, S. 16) vom arbeitgebernahen und konservativen *Institut der deutschen Wirtschaft* in Köln:

> Seit der Jahrtausendwende durchleben wir einen historisch schnellen und tiefen Strukturwandel. Die digitale Transformation ist nicht nur eine technische Veränderung, sondern vor allem auch eine ökonomische. Sie stellt Geschäftsmodelle und Wertschöpfungsnetzwerke infrage. Aufgabe guter Angebotspolitik ist es, diesen Wandel nicht zum Strukturbruch werden zu lassen.

Immerhin wird eingeräumt, dass die digitale Transformation auch die Ökonomie betrifft, wenngleich es offenbar um die Verdrängung etablierter Unternehmen und nicht um eine Transformation bestimmter ökonomischer ‚Gesetze' geht. Aber immerhin kann der

Wandel, unter ungünstigen Bedingungen, zum ‚Strukturbruch' werden (was auch immer damit genau gemeint ist). Ähnliches findet sich in dem viel diskutierten Buch *Race against the Machine. How the Digital Revolution is Accelerating Innovation, Driving Productivity, and Irreversibly Transforming Employment and the Economy* von Brynjolfsson – Professor am MIT und Director des MIT Center for Digital Business – und McAfee von 2011:

> But there has been relatively little talk about the role of acceleration of technology. It may seem paradoxical that faster progress can hurt wages and jobs for millions of people, but we argue that's what's happening. As we'll show, computers are now doing many things that used to be the domain of people only. The pace and scale of this encroachment into human skills is relatively recent and has profound economic implications (S. 9).[20]

In gewisser Weise entdeckt nun auch die Computerindustrie bzw. das MIT von Neuem das jahrelang (aus durchsichtigen ideologischen Gründen) verfemte und lächerlich gemachte Argument des (wertkritischen) Marxismus, dass die digitalen Produktivkräfte eben in einen fundamentalen Konflikt mit den kapitalistischen Produktionsverhältnissen geraten können.[21] Wenn sogar radikal unkritische Berufsoptimisten[22] wie Brynjolfsson dies

---

[20]Dieses Zitat berührt die schwierige und umstrittene Frage nach der Transformation der Arbeitsgesellschaft durch die digitale Transformation (siehe den Literaturbericht in Schröter 2019). Siehe zur Frage, inwiefern digitale Technologien die Produktivität steigern oder überraschenderweise eben nicht Brynjolfsson (1993).

[21]Die Frage nach der Krise des Kapitalismus ist äußerst umstritten, radikalere Vertreter der Krisentheorie sind etwa Lohoff und Trenkle (2012). Gerade die Medientheorie müsste die Frage nach der Krise des Kapitals, d. h. auch der Instabilität des Mediums Geld, wohl ernster nehmen. So schreibt Winkler (2004, S. 39) zum Geld: „Gehen wir davon aus, dass es funktioniert, hieran lassen Geldmarktpolitik, Börsenkurse und die Praxis im Supermarkt wenig Zweifel." Das war eben 2004, knapp vier Jahre vor dem Crash 2008.

[22]Vgl. Brynjolffson und McAfee (2011, S. 11): „We are strong digital optimists, and we want to convince you to be one too".

einräumen, muss die Lage sehr ernst sein. Brynjolffson und McAfee diskutieren keine systemischen Alternativen, empfehlen, dass nun jeder Unternehmer werden solle – aber ähnlich wie im Falle des mysteriösen ‚Strukturbruchs' bei Bardt und Hüther sprechen Brynjolfsson und McAfee (S. 29) von einem „deeper structural change in the nature of production" …

So bleibt die Frage bestehen, ob ‚economic laws', die – trotz aller Bemühungen der hegemonialen Wirtschaftswissenschaft[23] – wohl keine Naturgesetze sind, wirklich als völlig unabänderlich verstanden werden müssen. Immerhin legt die historische Forschung nahe, dass die heute dominierenden ökonomischen Formen zumindest nicht immer herrschten.[24] Neue Technologien – das zeigt das bisherige Schicksal des Internets – führen sicher nicht *automatisch* zu neuen sozialen und mithin auch ökonomischen Formen.[25] Aber sie könnten Potenziale bereitstellen, mit denen neue Organisationsformen möglich werden – Beniger hatte, wie gezeigt, die zentrale Rolle digitaler Informationstechnologien als Kontrolltechnologien zur Beherrschung der industriellen Produktion schon herausgestellt. Wenn der Markt, wie einer der Gegner Hayeks, Oscar Lange, einmal bemerkte, als

---

[23]Zur Frage, was man als ‚hegemoniale Wirtschaftswissenschaft' bezeichnen kann, siehe Colander et al. (2004); Dobusch und Kapeller (2012). Zur Geschichte des Selbstverständnisses von Teilen der Wirtschaftswissenschaft als – nach der Physik modellierte – Naturwissenschaft Mirowski (1989).

[24]Historisch gab es Zünfte, Kooperativen, Allmenden, Dorfgemeinschaften, Geschenke, Gaben, und viel Sklaverei – vieles davon bis heute; und selbst die Existenz von (lokalen, regionalen und trans-regionalen) Märkten, die es in verschiedenen Formen gab, bedeutet nicht, dass alle Gesellschaft marktförmig war. Vgl. z. B. Ostrom (1999); Le Goff (2011). Siehe auch Hesse (2006, S. 120).

[25]Schüttpelz (2017) formuliert die These, dass es eher ökonomische Umwälzungen (im ‚primären Sektor') waren, die letztlich zur Erfindung oder mindestens Durchsetzung neuer Medientechnologien geführt haben. Diese marxistische These ist überzeugend (sofern man die etwas unkritische Wiederholung tradierter Basis/Überbau-Modelle nicht problematisch findet), sagt aber nichts darüber aus, ob auf einem gegebenen Stand der sozialen Verhältnisse und der existierenden Medientechnologien verschiedene Wege der gesellschaftlichen Ausgestaltung möglich sind.

ein „computing device of the pre-electronic age" (1972, S. 42)
bezeichnet werden könne, dann liegt zumindest die Frage nahe,
was mit dem Markt passiert oder doch zumindest passieren
könnte, wenn sich ‚computing devices', z. B. in der Gestalt von
Smartphones, überall in den Alltag hinein verbreiten (vgl. Kathöfer und Schröter 2018). Eine, wenn auch eher marginale, Ant-
wort liegt darin, dass die Idee Langes (und anderer) den Markt
als gleichsam primitiven Computer durch eine computergestützte
Planung zu ersetzen, nun, im Zeitalter der Supercomputer und
der verteilten Datenerhebung, eben möglich geworden sei (vgl.
Cockshott und Cottrell 2006).

Die Motivationen für neue Organisationsformen mögen in
sozialen Spannungen und Problemen (wie z. B. dem Klima-
wandel) ihren Ursprung haben – oder eben auf Konflikte neuer
Technologien mit vorhandenen Organisationsformen zurückzu-
führen sein.[26] So musste schon die, revolutionären Aspirationen
meist durchaus ferne, ‚Medienökonomie' (siehe Kap. 2) ein-
gestehen, dass Informationsgüter nicht ‚knapp'[27], eben nicht-
rival, sind – sie müssen verknappt werden, um überhaupt Waren
sein zu können (vgl. Meretz 2007). Auch gibt es eine – zwischen Beruhigungsfloskeln und Hysterie oszillierende – Diskussion, gerade auch durch die Publikationen von Brynjolffson
und McAfee angeheizt, ob nicht die, darum so genannten, ‚smar-
ten' Geräte über Roboter bis zu künstlichen Intelligenzen so viel
menschliche Arbeit überflüssig machen, dass der als selbstverständlich und alternativlos geltende Kreislauf von Arbeit, Lohn,
Konsum nicht mehr oder jedenfalls nicht mehr richtig funktioniert (siehe den Literaturüberblick Schröter i. Dr.).[28] Alle diese
Diskussionen legen den Gedanken nahe, dass eine Gesellschaft,

---

[26]Was Marx als Konflikt zwischen Produktivkräften und Produktionsverhältnissen beschrieben hat.

[27]Zum Begriff und Konzept der Knappheit vgl. Panayotakis (2011, 2012).

[28]Allerdings ist die möglicherweise mittelfristig relevantere Diskussion,
inwiefern sich die Arbeit durch die Ausbreitung digitaler Medientechnologien verändert und z. B. prekarisiert (‚Gig Economy'), vgl. z. B. Prokla
(2017).

die sich wesentlich um digitale Information dreht, (jedenfalls teilweise) andere ökonomische Formen entwickeln muss oder zumindest könnte (siehe auch Baecker 2018). Daher ist eine Konjunktur entsprechender Literatur zu beobachten: Srnicek und Williams (2015) begrüßen das angenommene Verschwinden der Arbeit offensiv und fordern ein Recht auf volle Arbeitslosigkeit – was ganz andere Formen der Produktion und der Verteilung der Güter erforderlich machte. Ähnlich argumentiert auch Mason (2016) in seinem viel diskutierten Buch zum ‚Postkapitalismus‘.[29]

3.3.1 Algorithmisches Matching

In seinem Buch ~~Geld.~~ *Für eine non-monetäre Ökonomie* schreibt Heidenreich gleich zu Beginn:

> Geld war nie das einzige Mittel, um ökonomische Prozesse zu steuern. Es gibt eine Reihe anderer Steuerungsverfahren, etwa in frühen Tempelwirtschaften oder in Unternehmen.[30] Geld kam erst auf, als Militär und Handel über die alten Aufschreibsysteme für Kredit hinaus expandierten. Heute dagegen verfügen wir über die technischen Mittel, um Aufschreibsysteme so weit zu skalieren, dass das Geld wieder verschwinden kann. Wenn erst einmal alle Zahlungen erfasst und alle Käufe und Verkäufe verrechnet werden, lassen sich Wirtschaftsprozesse mit Hilfe von Algorithmen und künstlicher Intelligenz lenken. Zu unserem Schaden wird das nicht sein, denn es spricht einiges dafür, dass geldlose Verfahren weit bessere Ergebnisse für die Verteilung von Gütern und Tätigkeiten liefern als das heutige Finanzsystem (2017, S. 8).

---

[29]Fischbach (2017) hat Masons Argumente einer vernichtenden Kritik unterzogen.

[30]Innerhalb von Unternehmen wird kommunikativ geplant und ggf. befehlsförmig angeordnet und seltener mit Hilfe von Geld getauscht. Es gibt viele ökonomisch relevante Bereiche, z. B. auch die ‚Familie‘, die intern ohnehin ohne Geldtausch organisiert werden (natürlich planen Familien mit ihrem Geld für den Konsum und es gibt auch solche Phänomene wie ‚Taschengeld‘, aber die Kommunikation zwischen Eltern und Kindern läuft in der Regel nicht über Geld), siehe den Überblick in Heitmann (2018).

Es scheint, dass bei Heidenreich der Tausch als ökonomisches
Prinzip nicht ersetzt werden soll durch eine Art demo-
kratisch-kommunikative Ex-ante-Organisation der Ökonomie
(siehe Abschn. 3.3.2). Vielmehr scheint es darum zu gehen,
Wege zu finden, wie der Tausch auch ohne Geld (und seine
unerfreulichen Nebeneffekte wie Anhäufung und dadurch
gegebene Machteffekte) funktioniert, eben indem die relevanten Informationen anderweitig übermittelt werden (etwa über
das „Profil", ebd., S. 14) oder die Koordination (partiell) an die
selbst ‚smart' gewordenen Dinge und/oder an künstliche Intelligenzen delegiert wird: „Es wird kein allgemeines Äquivalent
mehr geben, keine verbindlichen Preise oder Bewertungen,
wohl aber einen allgemeinen und algorithmisch vermittelten
Austausch von Dingen und Tätigkeiten" (ebd., S. 9–10). Zentral ist das von Heidenreich ausführlich beschriebene (ebd.,
S. 31–40) *algorithmische Matching* – also die von digitalen Sys-
temen durchgeführte Koordination von Angebot und Nachfrage.
Heidenreich (ebd., S. 80) behauptet jedenfalls, dass sich diese
Prozesse bereits abzeichnen und der Übergang zu einer geld-
losen, algorithmisch koordinierten Ökonomie stattfindet. Ob
diese digitale Tauschökonomie einen Bruch mit dem – tausch-
basierten – Kapitalismus darstellt oder nur eine andere Form
desselben, bliebe zu diskutieren (ebd., S. 82).

3.3.2 Commons

Heidenreich (ebd., S. 35) betont weiterhin: „In einer Ökonomie
ohne Geld müssen ökonomische Vorgaben wieder Gegenstand
der Politik werden. Schließlich geht es darum, das Zusammen-
leben der Menschen zu organisieren." Diese Betonung des Poli-
tisch-Kommunikativen ist, trotz aller sonstigen Differenzen,
auch charakteristisch für einen zweiten Diskurs: Es gab schon
vor der flächendeckenden Durchsetzung von Märkten und/oder
staatlich gesteuerten ökonomischen Formen eine lange Geschichte
von ‚Commons' (Allmenden) als Organisationsform. Diese best-
anden auch immer neben und während Märkten und waren
und sind für viele Zwecke offenbar besser geeignet als sowohl

marktgesteuerte als auch staatsförmige Kontrolle – wie u. a. Elinor Ostrom gezeigt hat, die dafür 2009 den Nobelpreis für Wirtschaftswissenschaften erhielt. Das Interessante an Commons ist nun, dass es sich – vereinfacht gesagt – um gemeinsam verwaltete Güter handelt, bei denen die gemeinsam verwaltenden Personen *kommunikativ* die Nutzung abstimmen (siehe konzis Ostrom 1999, S. xviii/xix).[31] Statt dass alle Individuen bzw. Unternehmen erst getrennt, privat produzieren und dann *ex post* am Markt tauschen (und sei es algorithmisch koordiniert), wird *ex ante* die Produktion kommunikativ geregelt (siehe auch Helfrich und Heinrich-Böll-Stiftung 2012; Meretz 2017; vgl. auch Fotopoulos 1997 zum etwas anderen Konzept der ‚inklusiven Demokratie‘). Es wird nicht konkurriert und getauscht, vielmehr werden gemeinsame Ressourcen ‚gepoolt‘. Hineingeben und Entnehmen werden kommunikativ geregelt (vgl. Meretz und Sutterlütti 2018).

Sind das wirklich die gleichen unwandelbaren ökonomischen Gesetze? Nutzenmaximierung des Einzelnen z. B. spielt hier gerade keine (zentrale) Rolle.[32] Vielmehr stellt sich die Frage, ob die kommunikative Verfassung von Commons nicht zu den enorm gestiegenen Kommunikations- und Koordinationsmöglichkeiten im Zeitalter digitaler, mobiler, vernetzter Medien ‚passt‘[33]:

---

[31]Übrigens hat die neuere Forschung auch die zentrale Rolle von Commons in Innovationsprozessen herausgestellt (Allen und Potts 2016) – also in einem Bereich, von dem lange angenommen wurde, dass er nur mit dem ‚Wettbewerb als Entdeckungsverfahren‘ (Hayek) operativ ist.

[32]Das war eben die unrichtige Unterstellung der klassischen Debatten zur ‚Tragedy of the Commons‘, die von u. a. Ostroms Beobachtung der kommunikativen Verfassung der Allmenden widerlegt wurde (siehe Schlaudt 2016, S. 94–105).

[33]Denn gerade im Zeitalter ubiquitärer Vernetzung ist der Ansatz, erst kommunikationslos getrennt zu produzieren und dann nur über die Preissignale am Markt zu kommunizieren, eigentlich unangemessen. Vgl. Benkler (2002), der die Frage von Coase (1937) nach den Medien des Unternehmens in Bezug auf ‚commons-based peer production‘ wieder aufgreift.

Einer der Gründe, warum die sehr alte Praxis der Commons gerade jetzt neu aufgenommen und breit diskutiert wird, besteht darin, dass sich kommunikationsintensive und horizontale Prozesse mit den digitalen Technologien sehr viel effektiver organisieren lassen. So müssen Beteiligung und kollektive Organisation jenseits von Klein-gruppen nicht mehr bloße Utopien bleiben (Stalder 2016, S. 248).

Wikipedia wird oft als Beispiel für die – auch bei Rifkin (2014) diskutierten – kollaborativen digitalen Commons aufgeführt. Zwar ist der hier diskutierte Ansatz stärker orientiert an der Idee, dass neue Organisationsformen, wie eben das Commoning, politisch organisiert werden müssen, statt an jener, neue Medien würden gleichsam von selbst eine neue Ökonomie hervorbringen: Die Frage bleibt aber, ob solche Organisationsformen (selbst bei Rückgriff auf mobile Medien und globale Netze), aus den entweder räumlich lokalen und eher überschaubaren Gruppengrößen bzw. spezialisierten digitalen Nischen heraus gesellschaftsweit verallgemeinert werden könnten (eine Kritik in der Tradition Hayeks würde diese Möglichkeit bestreiten).

Dyer-Witheford (2013) hat in einem wichtigen Aufsatz ‚Red Plenty Platforms' Plattformen (die derzeit nur im Rahmen des ‚Platform Capitalism' imaginiert werden können) der ‚roten Fülle', also einer imaginierten kollaborativ und demokratisch geplanten Ökonomie, diskutiert. Dabei geht es nicht nur um die neuen kommunikativen Möglichkeiten, sondern auch um Möglichkeiten der Komplexitätsreduktion, um die kollaborative und kommunikative Organisation der Ökonomie überhaupt beherrschbar zu machen:

A society of participatory, informed, democratic and timely collective planning would require fast, varied and interactive communicative platforms where proposals could be circulated, responded to, at length or briefly, trends identified, reputations established, revisions and amendments generated, and so on. It would, in short, demand that Facebook, Twitter, Tumblr, Flickr and other Web 2.0 platforms not only themselves become operations self-managed by their workers (including their unpaid prosumer contributors), but also become fora for planning: Gosplan with ‚tweets' and ‚likes'. […] Yet perhaps the idea of everyone watching mobile screens lest they miss, not a Facebook poke, but voting the seventh iteration of the participatory plan, duplicates unattractive features of everyday life in high-tech capitalism. So we might speculate further, and suggest that what decentralized collective planning really needs is not just council media but communist agents: communist software agents. […] Commercially, software ‚bidding agents‘ are able to consistently outperform human agents so that ‚Humans are on the verge of losing their status as the sole economic species on the planet‘ (Kephart […]). […] One can't help but ask, however, what if software agents could manifest a different politics? Noting that Multi-Agent System models can be thought of as a means to answer problems of resource allocation, Don Greenwood […] has suggested they could be geared toward solving the ‚socialist calculation problem‘. As planning tools, Multi-Agent Systems, he notes, have the advantage over real markets that ‚the goals and constraints faced by agents can be pre-specified by the designer of the model‘ (Greenwood […]). It is possible to design agents with macro-level objectives that involve more than just the maximization of individual self-interest; two ‚welfare‘ principles that economists have experimented with incorporating are equality and environmental protection sustainability. (S. 2/13)[34]

3.3.3 3-D-Druck

Wieder ein ganz anderer Ansatz, wie neue Medien neue Ökonomien zumindest ermöglichen könnten, erscheint gegenwärtig insbesondere in den phantasmatischen Diskursen zu Technologien des 3-D-Drucks (vgl. Ernst et al. 2015). In diesem Falle ist die Aufhebung der Tauschwirtschaft ganz anders gedacht. Hier ist es weder ein digital ermöglichter Naturaltausch wie in Abschn. 3.3.1, noch die Umstellung der paradoxalen, einerseits individuellen und andererseits indirekt gesellschaftlich vermittelten, Produktionsweise auf eine von vornherein gesellschaftliche Produktionsweise wie in Abschn. 3.3.2. Vielmehr geht es um die Überwindung des Tausches (und damit des Marktes und des Geldes) durch eine zwar nach wie vor individuelle, aber nicht mehr

---

[34]Die oben schon erwähnte Debatte zwischen Adaman und Devine (2001) und Hodgson (1998, 2005) dreht sich genau um die hier angedeuteten und in Dyer-Withefords Artikel noch viel ausführlicher diskutierten Fragen nach Zeitverbrauch, Koordinationsbedarf, Komplexitätsreduktion, die in Marktwirtschaften über das Medium Geld (mehr oder weniger) gelöst werden können, in kommunikativen Ökonomien aber irgendwie anders bearbeitet werden müssen.

bloß partiale, sondern omnipotente Produktion. Was heißt das? Unter Marktbedingungen muss jede/r Produzent/-in am Markt tauschen (und erst recht diejenigen, die nur ihre Arbeitskraft verkaufen können), da man individuell nur einen bestimmten, kleinen Ausschnitt von Gütern herstellen kann (die Arbeitsteilung wird oft mit dem Tauschprinzip gleichgesetzt, obwohl man sich sehr wohl auch eine demokratisch-kommunikativ vermittelte Aufteilung der Arbeit vorstellen könnte). Wenn man nun aber eine ‚ideale Fabrikationsmaschine' hätte, die vor Ort wirklich *alles* herstellen könnte, was man will: Auch dann bräuchte man nicht mehr auf Märkten zu tauschen und mithin kein Geld mehr – so wie in der fiktiven Welt der Science-Fiction-Fernsehserie *Star Trek – The Next Generation* (USA 1987–1994), in der es mit dem ‚Replikator' eine solche ideale Produktionsmaschine und mithin auch kein Geld mehr gibt.[35] Natürlich existiert so eine Maschine nicht: Aber sozio-technische Imaginäre gehören zu aller Gesellschaftlichkeit dazu (vgl. Jasanoff und Kim 2015), wenn Gesellschaft nicht ohnehin imaginär konstituiert ist (vgl. Castoriadis 1990). Auffällig ist jedenfalls, dass in vielen Texten, die sich mit einer durch neue Technologien geprägten (nicht-kapitalistischen) Zukunft befassen, besonders häufig der 3-D-Drucker bemüht wird (vgl. Rifkin 2014; Eversmann 2014), obwohl reale 3-D-Drucker von einer ‚idealen Fabrikationsmaschine' wie dem ‚Replikator' nun wirklich weit entfernt sind.

Eine solche Maschine würde quasi von selbst den Kapitalismus aushebeln, aber ohne eine neue kommunikative Form und Infrastruktur, also eine gesellschaftliche Ex-ante-Organisation, zu erfordern. Wäre eine solche Maschine – zumindest in einem Gedankenexperiment – nicht auch Beleg dafür, dass erstens ökonomische Formen von Technologien zumindest verändert werden können und mithin zweitens, dass die ökonomischen ‚Gesetze' eben nicht unwandelbar sind? Allerdings würde das eben auch nicht allein, bloß durch die Existenz solcher

---

[35]Wie insbesondere im Kinofilm *Star Trek: The First Contact* (USA 1996, R: Jonathan Frakes) deutlich ausgesprochen wird, siehe zu solchen Darstellungen Kap. 4.

Maschinen, funktionieren. Vielmehr würden neue Kämpfe, z. B. um das Eigentum an den zur Produktion notwendigen Daten, entstehen – blieben diese Privatbesitz und mithin verknappt, wäre auch ein Kapitalismus auf der Basis von 3-D-Druckern denkbar. Ähnliches gilt für die notwendige Energie.

Die populäre Attraktivität der Idee einer Überwindung von Geld und Markt durch die ‚ideale Fabrikationsmaschine‘ liegt auf der Hand: Scheinbar von selbst und ohne die Mühen der politischen Aufklärung, Diskussion, des Kampfes und gar der Neuformierung von Subjektivität kann die bestehende Gesellschaftsform überwunden werden. Dieses *technische Imaginäre* dürfte der zentrale Grund für die Popularität der 3-D-Druck-Postkapitalismus-Utopie sein. So argumentiert etwa Jeremy Rifkin (2014, S. 7–26), dass die Ausbreitung des 3-D-Drucks (und anderer Technologien wie der des ‚Internets der Dinge‘) unweigerlich zur Ausbreitung der ‚kollaborativen Commons‘ und mithin zu einem wesentlich friedlichen Rückzug des Kapitalismus führen wird (zur Kritik an solchen Ideen s. Fischbach 2017). Das kann man bezweifeln, denn selbst wenn man alle anderen Fragen ausklammert, so dürfte doch klar sein, dass die herrschende ökonomische Formation nicht friedlich zurücktreten wird, zumindest nicht diejenigen, die sehr gut davon leben konnten.[36] Außerdem könnte eine solche Post-Knappheit durch lokale Produktion sehr schnell gravierende ökologische Probleme erzeugen, insofern sie möglicherweise eine Wegwerfgesellschaft ungekannten Ausmaßes oder einen exorbitanten Energieverbrauch zur Folge hätte (vgl. Dyer-Witheford 2013).

Offenkundig erzeugt die Frage, ob andere Medien andere Ökonomien ermöglichen, intensive Kontroversen. Entscheidend

---

[36]Hier berührt man die äußerst heikle Frage nach der potenziellen Transformation zu einer anderen Gesellschaft, und ob sie mit einer – womöglich gewaltförmigen – ‚Revolution‘ einhergehen muss. Heidenreich (2017, S. 83) räumt ein, dass es beim Übergang zu einer post-monetären Ökonomie zu derartigen Verwerfungen im Konflikt mit den Geldeignern kommen kann, während Meretz und Sutterlütti (2018) versuchen, mit dem (hegelianisierenden) Begriff der ‚Aufhebung‘ aus dem Gegensatz zwischen Reform und Revolution zu entkommen.

scheint nur, dass Gesellschaften um ihrer Fortentwicklung willen keinesfalls solche Diskussionen dogmatisch und unter Berufung auf die angeblich naturgesetzlich verbürgte ewige Gültigkeit der gerade dominierenden ökonomischen Formen ausklammern sollten.

Ökonomie in den Medien

4

Im letzten Kapitel ging es um die infrastrukturellen Medien der Ökonomie, ohne die ‚die Wirtschaft' nicht prozedieren kann. In diesem Kapitel soll es hingegen um die medialen Darstellungen von Ökonomie gehen (vgl. auch Cuonz et al. 2018; Gredel et al. 2019). Das mag zunächst einfach klingen, ist es aber mitnichten. Denn die Grenze zwischen ‚Medien der Ökonomie' und Darstellungen von Ökonomie in Medien ist schwierig zu ziehen. Wenn man sich an Predas (2006, S. 753) Aussage zum Börsenticker zurückerinnert, „that the ticker generated temporal structures and modes of visualizing these structures", dann fällt auf, dass der Ticker die Ökonomie, oder zumindest einen ihrer vielen Parameter, nämlich die Börsendaten, visuell bereitstellt und in diesem Sinne die Ökonomie medial repräsentiert. Oder noch genauer: Indem er einen Aspekt der Ökonomie repräsentiert, stellt er ihn auch performativ her.[1] Ebenso repräsentieren z. B. irgendwelche Kurven, die das Auf und Ab ökonomischer Kennwerte darstellen, ja medial die Ökonomie – zugleich sind sie eben der Weg, auf dem dieses Wissen überhaupt erst zugänglich

---

[1]Diese performative Hervorbringung der Ökonomie, besonders mit Blick auf die Rolle der Wirtschaftswissenschaft, ist das zentrale Thema der Aufsätze in Callon (1998). Zur Performativität der z. B. an der Börse genutzten Bildschirme vgl. Knorr-Cetina (2012, S. 39).

© Springer Fachmedien Wiesbaden GmbH, ein Teil von Springer Nature 2019
J. Schröter, *Medien und Ökonomie,* Medienwissenschaft: Einführungen kompakt, https://doi.org/10.1007/978-3-658-26191-7_4

Abb. 4.1 Screenshot aus *Wall Street* (USA 1987, R: Oliver Stone, DVD Oliver Stones Wall Street 1 & 2, 20th Century Fox)

wird, ein Wissen, auf das dann etwa Kaufentscheidungen oder politische Maßnahmen aufsetzen. Sie repräsentieren also nicht bloß etwas, das schon da war, sondern sind auch Teil der Herstellung der ‚Ökonomie'– insofern sind sie eben unabdingbare infrastrukturelle Medien der Ökonomie. Allerdings setzt jede Rede von der Darstellung der Ökonomie in Medien wiederum die in Teil 3 problematisierte Trennung von Ökonomie und Medien voraus – wobei die Frage gestellt werden könnte, ob der Unterschied zwischen ‚Ökonomie' und ‚Medien' nicht ebenfalls performativ produziert wird.

Ein Film, der ‚die Ökonomie' zum Gegenstand hat, z. B. *Wall Street* (USA 1987, R: Oliver Stone) repräsentiert ‚die Ökonomie' oder jedenfalls Aspekte von ihr in einer anderen Weise als z. B. Kurvendiagramme, die etwa die Preise einer Aktie oder den Punktestand des Dow Jones angeben. Aber dennoch kommt z. B. der Börsenticker in *Wall Street* vor (Abb. 4.1), er ist – durchaus in einer Linie mit dem oben Gesagten – eine Weise, wie ‚die Ökonomie' erscheint.

In ihrer bedeutenden Studie über ‚Graphs as a managerial tool' bemerkt Yates (1984, S. 1; Hervorheb. J. S.) direkt im ersten Satz:

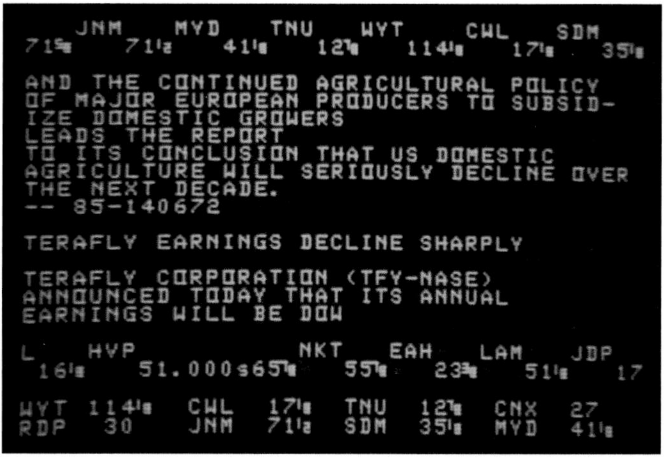

Abb. 4.2 Screenshot aus *Wall Street* (USA 1987, R: Oliver Stone, DVD Oliver Stones Wall Street 1 & 2, 20th Century Fox)

Today graphs are an accepted feature of the managerial world. They appear in reports, memos, presentations to colleagues or clients, annual reports, sales brochures, and the pages of business magazines and newspapers. *They are even part of the popular image of business; the executives pictured in cartoons frequently sit in front of large wall charts of sales or profits.*

Der Film kann nur schwierig die abstrakten Strukturen der Ökonomie oder der Finanzwelt zeigen[2], also sind die Screens der Computer (Abb. 4.2)[3] und das chaotische Netzwerk von Menschen und Medien auf dem Börsenparkett und darum herum,

[2]Brecht (1968, S. 161, 162) hatte schon 1931 bemerkt, dass „weniger denn je eine einfache ‚Wiedergabe der Realität' etwas über die Realität aussagt. Eine Photographie der Kruppwerke oder der AEG ergibt beinahe nichts über diese Institute. […] Es ist also tatsächlich etwas aufzubauen, etwas ‚Künstliches', ‚Gestelltes'".

[3]Die Knorr-Cetina (2012) ausdrücklich als die ‚skopischen Medien' des globalen Finanzmarkts analysiert.

Abb. 4.3 Screenshot aus *Wall Street*. (USA 1987, R: Oliver Stone, DVD Oliver Stones Wall Street 1 & 2", 20th Century Fox)

hier sehr schön durch Split Screen veranschaulicht (Abb. 4.3), bevorzugte Gegenstände. Der Film über die Börse zeigt also die Medien dieser Ökonomie.

Zugleich konzentriert sich der Film schon von daher auf die Börse, die – so Urs Stäheli (2007, S. 41) – eine „privilegierte Position […] im ökonomischen Imaginären" innehabe, weil sie der ereignisreichste, skandalträchtigste und eben spektakulärste Teil der Ökonomie zu sein scheint. Was sollte man auch eine langweilige Werkshalle zeigen, wenn man doch glamouröse, steinreiche und exzessive Broker bei ihren Machenschaften und sexuellen Abenteuern mit schönen Frauen zeigen kann? Das Kinospektakel bevorzugt das Börsenspektakel. Die Werkshalle kommt aber dennoch in *Wall Street* vor – es ist der Ort, an dem der solide Vater (Martin Sheen) des jungen Brokers (Charlie Sheen) arbeitet.[4] Im Verlauf des Films wird narrativ die Konfrontation ausgespielt zwischen der parasitären und rücksichtslosen Finanzwelt, verkörpert durch den ruchlosen Großspekulanten Gordon Gekko (Michael Douglas), und der ‚richtigen‘, realen

---

[4]Es ist Zufall, dass Vater und Sohn im Film auch in der Realität Vater und Sohn sind.

Ökonomie, verkörpert durch Werkshalle und Blaumann. Man kann darin eine hochproblematische Gegenüberstellung des raffenden und des schaffenden Kapitals sehen, eine Unterscheidung, die die Spekulation auf das (zudem spätestens seit dem Nationalsozialismus ‚jüdisch' konnotierte) ‚unproduktive' Finanzkapital verschiebt – obwohl jede Wirtschaftstätigkeit spekulativ ist, insofern sie mit der Zukunft rechnen muss.[5] Auch impliziert das, die ‚Gier' – die Gordon Gekko an einer Stelle des Films in einer berühmt gewordenen Ansprache (‚Gier ist gut') lobt – sei nur eine Eigenschaft der Spekulanten (und sie wurde ja auch 2008 für die Krise verantwortlich gemacht), obwohl doch Gewinnstreben eine notwendige Bedingung aller Wirtschaftshandlungen in einer Marktwirtschaft ist. Überdies ist die herrschende Auffassung in den gegenwärtigen kapitalistischen Gesellschaften, dass das Streben nach Eigennutz nicht nur ohnehin eine unumgängliche anthropologische Konstante, sondern auch Bedingung des optimalen Wohlstands für alle sei.

In *Wall Street* wird die Finanzsphäre abstrakt der realen Ökonomie gegenübergestellt, ohne zu fragen, woher sie kommt oder wie die Zusammenhänge zur realen Ökonomie sind: Dass der Film 1987 in die Kinos kommt und die exzessive Wall Street beleuchtet, hat einen historischen Kontext: Nach der Krise und dem Kollaps des Bretton-Woods-Systems in den 1970er Jahren wurden die Wechselkurse freigegeben und im Verbund mit einer Reihe anderer Entwicklungen kam es zu einer massiven Aufblähung der Finanzmärkte (vgl. Knorr-Cetina 2012, S. 43 f.), ein Vorgang, der sich auch so interpretieren ließe, dass es erst eine Krise der ‚Realökonomie' war, die die Expansion der Finanzmärkte hervorbrachte (statt dass die Finanzmärkte gleichsam aus dem Nichts erscheinen und sich vampirisch auf die reale Ökonomie stürzen, vgl. Lohoff und Trenkle 2012). So zeigt sich eine mögliche Funktion solcher Repräsentationen ‚der Ökonomie' z. B. in Spielfilmen: Sie vermitteln ein *bestimmtes Bild* der Ökonomie

---

[5]Was etwa von Keynes unterstrichen wurde, vgl. Keynes (1937) und Dow und Hillard (2002). Siehe auch Esposito (2010). Außerdem sind die Finanzmärkte ja nicht per se ‚unproduktiv', insofern sie Geldkapital für verschiedene Unternehmungen zur Verfügung stellen können.

und ihrer Funktionen, ein Bild, das durchaus tendenziös, verzerrt und mithin ideologisch sein kann.[6] Diese Reproduktion von Vorstellungen über die Ökonomie kann auch Teil der Reproduktion der Ökonomie sein – z. B. indem Crashs und Krisen nicht als systemische oder strukturelle Eigenschaften der Ökonomie erscheinen, sondern als Fehlhandlung gieriger Spekulanten und mithin die gegebene Form der Ökonomie als ‚eigentlich' krisenfrei und alternativlos vermittelt wird. Eine solche Personalisierung ist, wie angemerkt, einerseits problematisch, andererseits können solche Komplexitätsreduktionen notwendig sein, um mit der Komplexität der Ökonomie überhaupt umzugehen (auch jedes wirtschaftswissenschaftliche Modell ist eine Komplexitätsreduktion). Zugleich war *Wall Street,* so wird jedenfalls kolportiert, Anstoß für viele junge Banker an die Wall Street zu gehen[7] und soll 2008, angesichts der dann ausgebrochenen Finanzkrise, vom damaligen australischen Premierminister Rudd als metaphorische Ressource genutzt worden sein: „It is perhaps time now to admit that we did not learn the full lessons of the greed-is-good ideology. And today we are still cleaning up the mess of the 21st-century children of Gordon Gekko."[8] Dies zeigt, dass solche Filme Bedeutungen zur Verfügung stellen, die in diskursiven Aushandlungen darüber, was ‚die Ökonomie' ist (oder sein soll), benutzt werden können. Historisch ist auch bemerkenswert, dass der Film am 11. Dezember 1987 in den USA in die Kinos kam, aber schon am 19. Oktober 1987 ein großer Börsencrash stattgefunden hatte: Der Film mag vielen Zuschauer(inne)n im Nachhinein ein – wie auch immer verzerrtes und reduktionistisches – Mittel an die Hand gegeben haben, zu verstehen, was da geschehen sein mag.

---

[6]Zu historischen Semantiken von Geld, Kapital und Ökonomie siehe auch die Arbeiten von Vogl (2002, 2010).

[7]https://en.wikipedia.org/wiki/Wall_Street_(1987_film): „It has also proven influential in inspiring people to work on Wall Street, with Sheen, Douglas, and Stone commenting over the years how people still approach them and say that they became stockbrokers because of their respective characters in the film."

[8]https://en.wikipedia.org/wiki/Gordon_Gekko

Allerdings ist *Wall Street* nicht der einzige Film über ‚die Ökonomie', es gab noch viele andere (vgl. u. a. Frölich und Hüser 2011), sehr bekannt und aus einem ganz anderen historischen, regionalen, aber auch künstlerischen Kontext ist etwa *L'Eclisse* (Italien 1962, R: Michelangelo Antonioni), der streckenweise an der Börse in Mailand spielt und das undurchsichtige und hektische Treiben auf dem Parkett und die ebenso unbegreiflichen und mitunter verlustbringenden Schwankungen der Börse inszeniert. In *L'Eclisse* geht es weniger um die Dichotomie raffendes/schaffendes Kapital, sondern eher um die Sinnentleerung der modernen Welt: Das hektische Geschrei an der Börse wirkt ebenso sinnlos wie die Beziehung der Hauptfiguren, die ziellos in menschenfeindlich wirkenden Neubau-Gegenden herumschlendern (vgl. Wimmer 2012).

Die beiden genannten Filme repräsentieren nur einen sehr kleinen Ausschnitt der Filme über (verschiedene Aspekte der) Ökonomie – ganz zu schweigen von Literatur[9], Fotografie[10], Fernsehserien[11], Computerspielen[12] oder gar (bild-)künstlerischen Arbeiten in ganz verschiedenen Medien.

---

[9]Zu Geld und Ökonomie in der Literatur gibt es eine umfangreiche Diskussion, vgl. nur ganz exemplarisch Shell (1978) und Watts (1990).

[10]Vgl. zu Fotografie und Geld Holzer (2007). Siehe auch Brown (2005). Die Fotografie ist auch ein ausgezeichnetes Beispiel dafür, wie Medien selbst in Metaphoriken des Geldes beschrieben werden, siehe dazu die Diskussion der Texte von Sir Oliver Wendell Holmes aus dem 19. Jahrhundert in Schröter (2018, S. 69–72).

[11]In Filmen und Fernsehserien sind, wie gleich noch zu diskutieren sein wird, Geld und andere ökonomische Vorgänge oft ein selbstverständlicher Hintergrund, ohne eigens thematisch zu werden – aber es gibt natürlich auch Ausnahmen, in denen schon im Titel das Geld vorkommt, so aktuell etwa die Netflix-Fernsehserie *Haus des Geldes* (*La Casa de Papel,* Spanien, 2017 ff.).

[12]Im Feld der Computerspiele ist zunächst interessant, dass es sogenannte ‚Wirtschaftssimulationsspiele' gibt, in der Spieler/-innen etwa ein ökonomisches System aufbauen und anhand verschiedener Variablen steuern müssen – natürlich kann man auch hier die Auswahl und Anordnung dieser Aspekte als potenziell ideologisch kritisieren (gibt es auch Computerspiele, die nicht-kapitalistische Ökonomien darstellen?). Ein berühmtes Beispiel ist

Abb. 4.4 Joseph Beuys, *Wirtschaftswerte,* 1980, (© VG Bild-Kunst, Bonn 2019. Entnommen aus: Thomas, Karin (2002): Kunst in Deutschland seit 1945. Köln: DuMont Verlag, S. 304)

Abb. 4.4 zeigt eine Ansicht einer Installation von Beuys' Arbeit *Wirtschaftswerte* (1980). Hier werden Waren aus der DDR auf einem schlichten Regal in den musealen Raum versetzt und so der Warencharakter der an den Wänden hängenden

---

das Computerspiel *Capitalism,* 1995 durch Trevor Chan entwickelt (neuere Formen findet man unter: https://www.enlight.com/capitalism2/ und https://www.capitalismlab.com/). Überdies werden Wirtschaftssimulationen keineswegs nur als Entertainment verwendet, sondern wirklich zur Ausbildung von Tradern und Ökonomen oder zur Konsumentenforschung (siehe auch die Website der *Association for Business Simulation and Experiential Learning:* https://absel.org/). Hier zeigt sich erneut die Schwierigkeit, ‚Medien der Ökonomie‘ von ‚Ökonomie in den Medien‘ abzugrenzen: Einerseits wird Ökonomie in bestimmten Computerspielen repräsentiert, andererseits gibt es Spiele, die infrastrukturelle Medien der Ökonomie sein können – auch weil wiederum die Spieltheorie ein in der Ökonomik verwendetes Theoriefeld ist (vgl. Morgenstern und von Neumann 1944).

Abb. 4.5 Andy Warhol, *200 One Dollarbills,* 1962. „*200 One Dollar Bills* by Andy Warhol, valued at $8–12 Mio., is displayed during a preview of Sotheby's fall Evening Sale of Contemporary Art October 30, 2009 in New York City." (© Mario Tama/Getty Images)

Gemälde sichtbar gemacht – und zugleich gezeigt, dass auch der sogenannte ‚real existierende Sozialismus' die Warenform keineswegs hinter sich gelassen hatte. Außerdem werden die getrennten gesellschaftlichen Subsysteme der Kunst und der Wirtschaft und ihre unterschiedlichen ästhetischen Anmutungen in ein Spannungsverhältnis versetzt.

Abb. 4.5 zeigt Warhols Gemälde „200 One Dollarbills" (1962). Warhol bedeckt die ganze Bildfläche einigermaßen gleichmäßig mit Reproduktionen des Dollars, nutzt mithin eine in der abstrakten amerikanischen Nachkriegsmalerei entwickelte kompositorische Strategie – das *all-over.* Zugleich erzeugt er eine Rasterstruktur, die nach Krauss (2000) eine der charakteristischen Strategien der modernistischen Kunst überhaupt ist.

Man könnte nun argumentieren, dass diese Abstraktionstendenz die Realabstraktion des Geldes abbildet.[13] Das mag abwegig erscheinen, aber Egenhofer hat in seiner kunsttheoretischen Studie *Abstraktion, Kapitalismus, Subjektivität* (2008) tatsächlich versucht, die Entstehung abstrakter Darstellungsformen an die Herrschaft der Abstraktion im Kapitalismus zurückzubinden: „So ist die *Realabstraktion,* die Abstraktion des Tauschwerts oder des Geldes, der Hintergrund, vor dem die Beziehung zwischen dem Paradigma des Ready-made und der abstrakten Malerei ihren Halt und Sinn gewinnt" (S. 230). Oder: „Es geht darum, die von der Epistemologie des Bildes her aufgefasste Arbeit der Abstraktion in ihrem Verhältnis zur Logik der industriellen Produktion, zur abstrakten Arbeitszeit zu begreifen" (S. 215). Oder: „Die Abstraktion ist die stärkste und genaueste Reflektion der Modernisierung [...]. Es ist der Atomismus der Zahl, der in Seurats Malerei die szenisch-narrative Kontinuität der Bilderscheinung zerlegt [...]" (S. 229).[14] Das heißt, dass das konsequenteste Bild des Geldes ein abstraktes Bild wäre. Welches sich da am besten eignete, bliebe zu diskutieren.

Allerdings wäre dieses Bild, siehe Abb. 4.6, wohl eher weniger geeignet, denn erstens ist die goldene Farbe zumindest *auch* eine Anspielung auf den Goldgrund der mittelalterlichen

---

[13]‚Realabstraktion' ist ein Begriff aus der marxianischen Diskussion, der der Tatsache Rechnung tragen will, dass Geld einerseits eine völlig abstrakte ‚allgemeine Ware' ist, die gegen alle anderen Waren getauscht werden kann, andererseits anders als abstrakte Allgemeinheiten sonst (z. B. ‚das Tier' im Unterschied zu allen konkreten Tieren) tatsächlich real existiert (vgl. Toscano 2008).

[14]Generell kann man hier die Vermutung äußern, dass die in der modernistischen Ästhetik so wichtige Rolle der medialen Selbstreflexion als zentralem Verfahren der Kunst immer und ausweislich auch einen ökonomischen Aspekt hat – und insofern mit der Selbstpräsentation des Mediums auch die Ökonomie appräsentiert, da die Produktionsbedingungen des Werks offengelegt werden. So gesehen thematisieren auch die häufigen Filme über die Filmindustrie insofern ‚die Ökonomie', als die Filmindustrie ein Teil der Ökonomie einer gegebenen Gesellschaft ist.

Abb. 4.6 Yves Klein,
Monogold, 1962. (© The
Estate of Yves Klein/FG
Bild-Kunst, Bonn 2019.
Entnommen aus Morineau,
Camille (2006): Yves Klein.
Corps, couleur, immatériel.
(Ausst.-Kat., Paris, Centre
Pompidou 2006–2007; Wien,
Museum Moderner Kunst
Stiftung Ludwig 2007), Paris:
Centre Pompidou, S. 87)

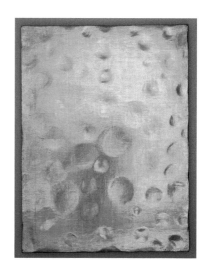

Malerei[15], also gerade auf eine theozentrisch und nicht pekuni-
zentrisch geprägte Welt. Zweitens wäre gerade der Verweis auf
Gold eine ungünstige Strategie, um die zunehmende Abstraktion des Geldes oder seinen prinzipiell abstrakten Charakter zu
verdeutlichen, hat Gold doch im Gegenteil historisch eher als
phantasmatische Stabilisierung des Geldes in der sogenannten
Goldbindung operiert (vgl. Gallarotti 1995 und Hardach und
Hartig 1998), die praktisch 1971 aufgegeben wurde.[16] In einem

---

[15]Zu den ökonomischen Hintergründen des Goldgrunds und anderer in der
Malerei verwendeten Materialien und Techniken siehe Baxandall (1988): „Die
Beziehung [zwischen Künstler und Klient, J. S.], von der die Malerei ein Aus-
druck ist, war unter anderem eine Geschäftsbeziehung, und einige der ökonomischen Praktiken der Zeit sind ganz konkret in den Gemälden verkörpert.
Geld spielt in der Kunstgeschichte eine wichtige Rolle. […] Gemälde sind
unter anderem versteinerte Formen des ökonomischen Lebens" (S. 10). Vgl.
auch Shell (1995) und Beech (2015).

[16]Die Diskussion um die Goldbindung ist auch deswegen so interessant,
weil es dabei ja einerseits offenbar um den Punkt ging, ob und wie die
‚Bedeutung' (also der Wert) der Geldzeichen stabilisiert werden kann,
sich aber andererseits gezeigt hat, dass es scheinbar auch ohne diese

Film wie *Goldfinger* (GB 1964, R: Guy Hamilton) geht es nur wenige Jahre vor dieser Aufhebung der Goldbindung um einen Schurken, eben den titelgebenden Auric Goldfinger, gespielt von Gert Fröbe, der die Goldreserven der USA in Fort Knox kontaminieren und so seinen eigenen Goldvorrat aufwerten will. Dieser Film spielt ganz selbstverständlich mit der zeitgenössischen Vorstellung, ein Geldsystem müsse letztlich goldbasiert sein, um stabil zu bleiben.

Allerdings ist Geld nicht nur abstrakt (und muss womöglich ,gedeckt' werden), sondern wohl besser auch als prozessual zu verstehen, insofern Geld eben Teil des Kreislaufs G-W-G*, also Geld – Ware – Mehr Geld[17] ist, der sich zudem stets beschleunigt, wie Marx (1963 [1893], S. 127, 128) im zweiten Band des *Kapitals* bemerkt: „Je mehr die Zirkulationsmetamorphosen des Kapitals nur ideell sind, d. h. je mehr die Umlaufszeit $= 0$ wird oder sich Null nähert, um so mehr fungiert das Kapital, um so größer wird seine Produktivität und Selbstverwertung." Eine solche akzelerierende Performanz des Geldes ließe sich aber wohl eher in selbst bewegten Bildern repräsentieren als in statischen Bildern – vielleicht könnte man so zum Beispiel *L'Argent* von Robert Bresson (F 1983) diskutieren, wo es um die unaufhörliche Zirkulation des Geldes geht.

Stabilisierung ging. Es geht also um die Frage, wie die Referenz der Geldzeichen (auf den Wert) historisch konstruiert worden ist – eine genuin zeichen- und medientheoretische Frage.

[17]Wie Marx (1962 [1890], S. 166, 167) bemerkt: „Das Ende jedes einzelnen Kreislaufs, worin sich der Kauf für den Verkauf vollzieht, bildet daher von selbst den Anfang eines neuen Kreislaufs. Die einfache Warenzirkulation – der Verkauf für den Kauf – dient zum Mittel für einen außerhalb der Zirkulation liegenden Endzweck, die Aneignung von Gebrauchswerten, die Befriedigung von Bedürfnissen. Die Zirkulation des Geldes als Kapital ist dagegen Selbstzweck, denn die Verwertung des Werts existiert nur innerhalb dieser stets erneuerten Bewegung. Die Bewegung des Kapitals ist daher maßlos." Am Rande bemerkt: Die unendliche und maßlose Kapitalbewegung muss früher oder später mit der planetaren Endlichkeit kollidieren – man nennt es ,Klimawandel', vgl. Strauß (2016).

Einen sehr guten generellen Überblick über die Frage der Darstellung von Geld im Film und die damit verbundenen theoretischen und analytischen Probleme liefern Adelmann et al. (2014). Sie stellen zunächst (S. 413) die – oben in der Betonung der Abstraktheit des Geldes schon angeklungene – Frage, ob Geld angesichts seiner zahllosen Erscheinungsformen überhaupt als *ein* Medium verstanden werden kann und mithin, ob die Frage nach der Medienreflexion im Film (die der Kontext, in dem der Aufsatz erschienen ist, nahelegt), überhaupt auf Darstellungen des Geldes anwendbar ist. Sie bemerken ebenfalls, dass Filme durch die Thematisierung ihrer eigenen Produktion oder durch die Ausstellung exzessiver – und mithin teurer – *production values* indirekt auf Geld bzw. die geldbasierte Ökonomie verweisen können. Allerdings ist Geld im Film unthematisch allgegenwärtig, z. B. insofern wiederholt und in der Regel nicht eigens reflektiert Akte des Kaufens gezeigt werden. So gesehen müsse Geld erst eigens thematisiert werden, um überhaupt aufzufallen. Aber es sei auch keine historische Abfolge erkennbar, in der sich die Darstellung des Geldes entwickele – und schon gar keine, die etwa mit verschiedenen Phasen der Konzeptualisierung des Geldes in der Wirtschaftswissenschaft korrelierbar sei. Dort gibt es, wie oben schon bemerkt, sehr verschiedene Ansätze zur Beschreibung des Geldes (S. 415)[18], jedoch könne man nicht sagen, dass das filmisch inszenierte Geld dezidiert der einen oder anderen (oder parallel mehreren) Positionen entspräche – außer in einzelnen Fällen, wenn etwa das Horten großer Bargeldbestände inszeniert wird, was man auf John Maynard Keynes' (1937, S. 210, 211) Diskussion der Hortung von Geld beziehen kann (oder man denke an das schon genannte Beispiel *Goldfinger,* in dem es eine Korrelation zwischen Filmhandlung und den zeitgenössischen Ansichten über goldgedecktes Geld zu geben scheint). Filmisches Geld sei ein spezifisches Geld – abgestellt auf die narrativen und audiovisuellen Parameter des Films. Gerade die Abstraktheit des Geldes und ökonomischer Prozesse muss durch konkret visuell

---

[18]Vgl. als generellen Überblick Ingham (2005).

abbildbare Größen ersetzt werden, z. B. den Geldkoffer (Adelmann et al. 2014, S. 417). Zudem werde zentral auf kulturelle Funktionen des Geldes abgestellt:

> Geld hat im Film vorwiegend kulturelle Funktionen: Es macht auf effiziente Weise Charaktere unterscheidbar und stellt Ausgangsmotive für die handelnden Figuren dar. In diesen Fällen lässt sich kaum von einer filmischen Reflexion des Geldes sprechen; der Film profitiert hier vielmehr von der interdiskursiven Prägnanz der Motive, die weit über den Film hinaus reproduziert werden.

Des Weiteren geht der Aufsatz auf Materialität und Sichtbarkeit des Geldes im Film ein:

> Der Film, der schon qua Technologie, aber auch in vielen der von ihm erzählten Geschichten die zentrale Frage nach der visuellen Täuschung und der Täuschbarkeit des menschlichen Auges stellt, hat hier im Geld ein privilegiertes Objekt: Es kann im Bild sein, in all seinen visuellen Eigenschaften, und doch unecht sein. Geldscheine werden hier zum Inbegriff des technisch Reproduzierten; nicht nur die Unterscheidung zwischen echt und falsch, sondern auch die zwischen den individuellen Exemplaren und ihrer austauschbaren Funktion wird immer wieder von Filmen herausgearbeitet, wenn es etwa um die Markierung von Geldscheinen geht, die ihre Nachverfolgung und Authentifizierung ermöglichen soll (S. 420).

Oft ist es gerade die Störung der Geldfunktion, die thematisch wird – ein Mechanismus der Visibilisierung durch Störung, der auch von anderen Medien bekannt ist: „Darüber hinaus zeigen Filme eine große Vielfalt an geldgebundenen Gesten: die Bündel von Scheinen, aus denen Mafiosi nonchalant ihre Bestechungsgelder ziehen, oder die verachtende Geste, mit der Geldscheine in Essensreste geworfen werden" (S. 421). Schließlich geht der Aufsatz auf die verschiedenen Äquivalenzen des Geldes ein:

> Ob das Geld in seiner Materialität inszeniert wird oder nur thematisch und symbolisch zur Sprache kommt – es wird von den Filmen mit allen denkbar möglichen Äquivalenten in einen Vergleichszusammenhang gebracht, meist um seiner scheinbar unbeschränkten Äquivalenz Grenzen zu setzen: Geld schneidet dabei immer schlecht ab (meistens allerdings so, dass weder Kapitalismus noch Marktwirtschaft prinzipiell zur Diskussion stehen) (ebd.).

Damit ist abschließend die Frage nach der moralischen Inszenierung des Geldes gestellt. Im Fazit heißt es dann:

> Aus dem Zusammenspiel der Funktionen, Materialitäten und Äquivalente des Geldes in Filmen wird die besondere Stellung dieses Mediums offensichtlich: Geld ist ein universelles ‚Schmiermittel' der filmischen Erzählung, das Handlungsmotive, Kausalitäten und moralische Hierarchien stiftet. Die Materialität und Sichtbarkeit des Geldes wird in einer großen Bandbreite filmisch umgesetzt, sodass sich hier kaum von einer spezifisch filmischen Reflexion dieser Materialität sprechen lässt. Nicht anders als Drogen, Computerchips mit einem machtvollen Code oder radioaktive Substanzen dramatisiert Geld das Haben und Nicht-Haben, das Verlieren und Gewinnen. […] Geld ist in einem gewissen Sinne zu universell und materiell zu flexibel, um in ein reflexives Spannungsverhältnis mit den filmischen Bildern und der filmischen Narration zu treten. Dennoch taucht das Geld in Filmen in verschiedener Hinsicht als Medium auf. Zunächst wird es, wie andere Medien, vor allem hinsichtlich der Störung seines medialen Funktionierens thematisch. Darüber hinaus wird es aber auch als vermittelnder Mechanismus deutlich, der im Unterschied zur filmischen Narration gerade keine tieferen Gründe und Motivationen benötigt, um Beziehungen herzustellen – Beziehungen, die weit über die zwischenmenschlichen hinausgehen. Noch in der moralischen oder zynischen Aufladung von Geld zeigt sich letztlich dessen eigentliche Gleichgültigkeit, die zugleich die strukturelle Voraussetzung für die Universalität des Mediums Geld darstellt (S. 423).

Es sei nun zu der schon anfänglich angerissenen Frage zurückgekehrt, in welchem Verhältnis filmische Erzählungen (mal mehr, mal weniger explizit) über das Geld und ‚die Ökonomie' zur ‚realen' Ökonomie stehen. Luhmann (1995, S. 183) schreibt:

> Den bisherigen Überlegungen kann man etwas über die Richtung entnehmen, in der nach der ‚Funktion' der Massenmedien gefragt werden muß. Sie leisten einen Beitrag zur Realitätskonstruktion der Gesellschaft. Dazu gehört eine laufende Reaktualisierung der Selbstbeschreibung der Gesellschaft und ihrer kognitiven Welthorizonte, sei es in konsensueller, sei es in dissensueller Form […].

So gesehen könnte man fragen, ob Filme (und Fernsehserien etc.) auch einen Beitrag zur ‚Realitätskonstruktion' des ‚Wirtschaftssystems' leisten und wenn ja, wie? In Bezug auf *Wall*

Street wurde oben mit dem – Luhmann freilich ganz frem-
den – Begriff der ‚Ideologie‘ eine solche Perspektive bereits
angedeutet: Ein bestimmtes Bild der Ökonomie wird vermittelt –
in Bezug auf *Wall Street:* Das Wirtschaftssystem wird als im
Prinzip störungsfrei beschrieben, ja wären da nicht die gieri-
gen Spekulanten ... Und eine solche Beschreibung kann ‚kon-
sensuell‘ sein, z. B. insofern sie sich mit der hegemonialen,
‚neoklassischen‘ Selbstbeschreibung der Marktwirtschaft als
prinzipiell im Gleichgewicht befindliche und nur durch ‚fal-
sche‘ politische Handlungen etwa zu störende deckt, oder eher
‚dissensuell‘, wenn man sie etwa auf Beschreibungen der kapitalistischen Ökonomie als strukturell instabil und krisenhaft
bezieht, wie sie z. B. in der eher wenig populären marxianischen
Diskussion vorliegen.[19] Man könnte also durchaus argumentieren, dass solche populären Repräsentationen der Ökonomie
in Massenmedien – den ‚öffentlichen Medien‘ nach Schüttpelz
(2016) – wie dem Film der Ökonomie keineswegs bloß äußer-
lich sind, insofern sie ein Bild der Ökonomie und vor allem
gewünschte Handlungstypen vorstellen, was die Ökonomie mit-
reproduziert.[20]

---

[19]Eine einigermaßen dissensuelle Realitätskonstruktion lag etwa 2014 vor,
als die Bundeszentrale für politische Bildung (2014) ein Buch namens
„Ökonomie und Gesellschaft" herausgab: In „Baustein 1", genannt
„Die Krise der Wirtschaftslehre: Fachdidaktische Konsequenzen für die
politisch-ökonomische Bildung", wurde die Krise der Wirtschaftswissenschaft nach 2007 thematisiert (siehe dazu u. a. Keen 2011; Prokla 2011;
Schlaudt 2016), in „Baustein 2" der Lobbyismus etc. Obwohl so etwas in
einer freiheitlichen und pluralistischen Gesellschaft – und zumal in Bezug
auf wissenschaftliche Diskurse – doch selbstverständlich sein sollte, gab es
empörtes Geschrei v. a. des Arbeitgeber-Verbands (BDA), woraufhin das
Bundesinnenministerium doch tatsächlich den Band vorübergehend aus dem
Verkehr gezogen hat – ein bedenklicher Fall von Zensur (siehe auch: http://
www.spiegel.de/lebenundlernen/schule/lobby-und-schule-arbeitgeberver-
band-stoppt-wirtschaftsbuch-a-1059654.html, 16.10.18). Nach scharfen Pro-
testen wurde das Buch – mit einem ‚Warnhinweis‘ – wieder zugelassen ...
[20]Insofern würde das die Unterscheidung zwischen infrastrukturellen und
öffentlichen Medien ebenso angreifen wie die hier vorgenommene heuris-
tische Trennung zwischen Medien der Ökonomie und Ökonomie in Medien.

Aber es gibt noch andere Beispiele, in denen ‚die Ökonomie' in Medien repräsentiert wird und bei denen die Frage, inwiefern sie handlungsorientierend sind, noch wichtiger scheint: Kinderbücher über ‚die Wirtschaft'. Hier geht es um die Vermittlung von Wissen darüber, was ‚die Ökonomie' oder ‚die Wirtschaft' überhaupt sind, warum sie sind, wie sie sind und nicht anders, wie man sich verhalten soll und muss etc. So gibt es etwa ein Buch mit dem Titel *Unser Geld und die Wirtschaft* aus der Reihe *Wieso Weshalb Warum* (Weinhold 2015).

Natürlich kann ein solches Kinderbuch nicht die Komplexität ökonomietheoretischer Debatten abbilden und sicher erwarten viele Eltern – verständlicherweise –, dass ein solches Buch ihre Kinder auf den real existierenden Alltag vorbereiten soll. Allerdings wird nichtsdestotrotz *ein bestimmtes Bild* der ‚Wirtschaft' vermittelt. Besonders auffällig ist das an der Stelle, wo es um die Herkunft des Geldes geht, siehe Abb. 4.7.

Wir können dort lesen:

> Bevor es Geld gab, haben die Menschen Waren gegen Waren getauscht. Das war schwierig, denn man fand nicht immer einen passenden Tauschpartner, der brauchte, was man selbst anzubieten hatte. Oft waren sich die Menschen nicht einig über den Wert der Tauschgegenstände. Darum tauschte man bald Dinge, die für jeden von besonderem Wert waren, wie Rinder, Salz oder Getreide. Früher wurde alles Mögliche als Geld benutzt.

Diese Ursprungsgeschichte wird mittlerweile massiv angezweifelt (Graeber 2012, S. 49–69; Kohl 2014). Aber warum ist das relevant? Es ist v. a. deswegen relevant, weil diese Geschichte impliziert, dass Menschen immer schon getrennt produziert und *dann* getauscht haben. Das Grundprinzip der heutigen ökonomischen Formen wird so zurückprojiziert bis an den Anfang der Ökonomie und erscheint so als einzig mögliche oder zumindest ‚normale' Form der Ökonomie, was auch bedeutet, dass Ökonomie niemals anders sein kann oder sollte (siehe die Diskussion in Kap. 3). Aber wo bleiben dann all die alternativen ökonomischen Formen wie Leibeigenschaft, Sklaverei, Zünfte, Genossenschaften, Allmenden, Planwirtschaften, die es historisch gegeben hat und teilweise und

Abb. 4.7 Gab es schon immer Geld?, aus Weinhold (2015)

in verschiedenen Formen immer noch bis heute gibt? Erstens legt ihre bloße Existenz schon nahe, dass es andere ökonomische Formen geben kann. Zweitens müssen diese alternativen Formen nicht in jedem Fall als primitive und glücklicherweise überwundene Frühformen oder gescheiterte, dysfunktionale Alternativen verstanden werden (wie es bei der Leibeigenschaft und Sklaverei, die

man nicht wirklich wünschen kann, durchaus verständlich ist[21],
ebenso wie bei der zentralen Planung sowjetischen Typs). So sind
gerade die Allmenden, gemeinschaftlich verwaltete Güter, durchaus älter als Märkte und Geld und haben auch neben Märkten und
Geld immer existiert – seit dem Nobelpreis für Elinor Ostrom
2009 und unter der Bedingung digitaler Medien wird dies ver-
mehrt wieder diskutiert (siehe Abschn. 3.3.2): Ostrom hat gezeigt,
dass solche Commons in zahlreichen Fällen durchaus funktiona-
ler sind als einerseits staatliche Kontrolle und andererseits Markt-
mechanismen. Doch das Kinderbuch legt auch nahe, Tausch sei
wegen der Arbeitsteilung zwingend, siehe Abb. 4.8:

Die Arbeitsteilung wird genau zwei Seiten vorher eingeführt.
Es wird zumindest suggeriert, dass die ohne Zweifel sinnvolle
und produktive Arbeitsteilung nur so vonstattengehen kann, dass
jede/r sich auf seinem/ihrem Gebiet spezialisiert, produziert und
dann erst die Kommunikation mit anderen Herstellenden via
Preise auf dem Markt sucht. Aber gerade das gewählte kleinräum-
liche Beispiel (Jäger, Bauer, Hirte) erlaubt doch auch die Möglichkeit, dass die getrennt Arbeitenden sich *vorher* verständigen,
was wie für wen gebraucht wird und dass man die hergestellten
Produkte dann nach vorheriger Vereinbarung verteilt, also ohne
Tausch, Markt und Geld – gewiss: Man muss diskutieren, ob solche Organisationsformen auf translokaler Ebene wirklich möglich
sind oder ob beim Upscaling solcher Formen nicht unvermeidlich
Komplexitätsprobleme (à la Hayek) auftreten, aber Arbeitsteilung
ist nicht automatisch identisch mit getrennter Privatproduktion,
Tausch auf Märkten und Kommunikation via Preissignale. Und
insofern ist umgekehrt die gegenwärtige Wirtschaftsordnung – mit
‚unserem' Geld, wie der Buchtitel bereits insinuiert – nicht die
notwendige Form, die Arbeitsteilung annehmen muss.

Zwischen der Seite über die Arbeitsteilung und der
Seite, die sich mit der Frage nach der Herkunft des Geldes
auseinandersetzt, ist noch eine weitere Seite, die Kindern erklärt,

---

[21]Es ist bezeichnend, dass in Abb. 4.7 keine farbigen Menschen vorkommen,
die ganze Geschichte des sehr asymmetrischen Tauschs im Kolonialismus
(und mithin der Sklaverei) wird also verdrängt und vergessen.

Abb. 4.8 Arbeitsteilung, aus Weinhold (2015)

warum ‚wir' Geld benutzen – weil es, im Vorgriff auf die Seite
bzgl. der Herkunft des Geldes, eben ‚praktisch' sei und als blo-
ßes Schmiermittel den als immer schon selbstverständlich vorausgesetzten Tausch erleichtere. „Wir benutzen Geld, weil wir uns
auf dieses Zahlungsmittel geeinigt haben" (siehe Abb. 4.9) – also
ich bin nie gefragt worden, ob ich mich auch darauf einigen
möchte, mir wurde vielmehr die Unvermeidlichkeit des Geldes
von Kindesbeinen an, vielleicht auch durch solche Kinderbücher,

Abb. 4.9 Wir haben uns auf Geld geeinigt, aus Weinhold (2015)

als unumstößliche Tatsache vor Augen gestellt, ich lernte bald: Wer sich nicht am Geldverkehr beteiligen will, dem droht kompletter Ausschluss vom stofflichen Reichtum, d. h. Not und Armut – oder Polizei und Gefängnis. Dieser Zwangscharakter wird in dem diskutierten Kinderbuch nicht erwähnt. Ähnliche mediale Repräsentationen von Ökonomie lassen sich auch in diversen anderen Kinderbüchern finden, hier Bd. 78 der Reihe *Was ist Was?* (*siehe* Abb. 4.10).

Abb. 4.10 Ursprung des Geldes, aus: Schaller (2017)

Auch hier erscheint – gegen alle Einwände von Historiker(inne)n und Anthropolog(inn)en – eine ursprüngliche und umständliche Tauschgesellschaft, wird das heute dominante ökonomische Prinzip zurückprojiziert und naturalisiert. Auch hier wird der immer notwendig auch an Recht und Polizei gebundene Charakter monetärer Ordnungen – obwohl es immerhin später einen Teil zu Geldfälschung gibt – eher verdeckt: „Ohne Geld wäre das Leben ganz schön kompliziert. Man könnte sich nicht einmal ein Brötchen oder ein Eis kaufen oder die Straßenbahn benutzen." Dass man auch anders an ein Brötchen kommen könnte, z. B. indem man es selbst bäckt, ist natürlich kein wirklich guter Einwand, da dies (in der Regel) viel zu kompliziert und zeitaufwendig ist. Aber die Straßenbahn kann man sehr wohl ohne Geld *benutzen* – z. B. wenn Städte den ÖPNV kostenlos anbieten, um den Autoverkehr zu reduzieren. Oder man *kann* es zwar, aber *darf* es nicht, weil das als Schwarzfahren zählt und bestraft wird. Aber dass man es angeblich nicht *kann* ohne Geld, verwechselt – mit Marx gesprochen – stofflichen mit abstraktem Reichtum.

Es ist sicher richtig, Kinder auf die Ökonomie, wie sie gegenwärtig nun mal ist, vorzubereiten – sind dafür Rückprojektionen der jetzigen Welt in alle Vergangenheit wirklich notwendig? Man könnte doch auch einfach zugeben, dass Menschen auch anders wirtschaftliche Probleme bearbeitet haben und immer noch zu dem Schluss kommen, dass Märkte und Geld die beste gefundene Lösung sind. Es sei zumindest gefragt, ob angesichts der Gleichförmigkeit der – zumal nicht gänzlich unbestreitbaren – Darstellungen dem Ziel des gesellschaftlichen Pluralismus und damit einer ergebnisoffenen demokratischen Diskussion, die z. B. angesichts der ökologischen Krise notwendig sein könnte, langfristig gedient ist. Die medialen Darstellungen der Ökonomie sind immer politisch – und es sollte in den Medien ein offener Diskurs über Ökonomie geführt werden.

Fazit und Ausblick 5

Diese Einführung verfolgt das Ziel, verschiedene Arten und Weisen, wie sich ‚die Medien' und ‚die Ökonomie' zueinander verhalten können, skizzenhaft zu umreißen. Zwar ist die Abgrenzung zwischen den drei Perspektiven – Medienökonomie, Medien der Ökonomie und Ökonomie in den Medien – nicht immer einfach, aber sie scheint tragfähig genug zu sein. Alle drei Perspektiven werden in Zukunft noch erheblichen Forschungsbedarf erzeugen: In der Medienökonomie bleibt weiter zu diskutieren, wie man Medienprodukte regulieren kann und muss, damit einerseits die Produzent(inn)en und Urheber(innen) zu ihrem Recht kommen, andererseits aber die Offenheit der digitalen Netze und die Möglichkeiten, Informationen frei zu teilen, nicht zu sehr beschnitten werden. Bezüglich der Medien der Ökonomie wird die Diskussion um ‚Industrie 4.0' und die Folgen z. B. für die Arbeit ohne Zweifel noch lange zu führen sein – sogar vielleicht hinsichtlich der Frage, ob sich mit den technologischen Umbrüchen der Digitalisierung auch (zumindest partiell) neue ökonomische Formen abzeichnen. Und schließlich wird die Diskussion um die Darstellung von Ökonomie in den Medien weiterhin zu führen sein, einerseits um die ökonomische Kompetenz z. B. von Kindern zu steigern, andererseits aber allzu einseitige Darstellungen im Sinne des notwendigen gesellschaftlichen Pluralismus zu korrigieren.

© Springer Fachmedien Wiesbaden GmbH, ein Teil von Springer Nature 2019
J. Schröter, *Medien und Ökonomie,* Medienwissenschaft: Einführungen kompakt, https://doi.org/10.1007/978-3-658-26191-7_5

Literatur

Abbate, Janet. 1999. *Inventing the internet.* Cambridge: MIT Press.

Adaman, Fikret, und Patrick Devine. 2001. Participatory planning as a deliberative democratic process: A response to Hodgson's critique. *Economy and Society* 30 (2): 229–239.

Adelmann, Ralf, Jan-Otmar Hesse, Judith Keilbach, Markus Stauff, und Matthias Thiele, Hrsg. 2006. *Ökonomien des Medialen: Tausch, Wert und Zirkulation in den Medien- und Kulturwissenschaften.* Bielefeld: transcript.

Adelmann, Ralf, Jan-Otmar Hesse, Judith Keilbach, und Markus Stauff. 2014. It's not about money, it's about sending a message: Geld und seine Äquivalente im Film. In *Medienreflexion im Film: Ein Handbuch,* Hrsg. Kay Kirchmann und Jens Ruchatz, 413–424. Bielefeld: transcript.

Aglietta, Michel. 2018. *Money. 5000 years of debt and power.* London: Verso.

Aigner, Ernest, und Manuel Scholz-Wäckerle. 2018. Über die Möglichkeit einer Gesellschaft nach dem Geld aus Sicht der evolutionären politischen Ökonomie, ihre Subjekte und die Rolle globaler Informationstechnologie. In *Postmonetär denken: Eröffnung eines Dialoges,* Hrsg. Projekt Gesellschaft nach dem Geld, 185–210. Wiesbaden: Springer VS.

Akerlof, George. 1970. The market for ,Lemons'. Quality uncertainty and the market mechanism. *Quarterly Journal of Economics* 84 (3): 488–500.

Albarran, Alan B., Sylvia M. Chan-Olmsted, und Michael O. Wirth, Hrsg. 2006. *Handbook of media management and economics.* Mahwah: Lawrence Erlbaum Associates.

Allen, Darcy W. E., und Jason Potts. 2016. How innovation commons contribute to discovering and developing new technologies. *International Journal of the Commons* 10 (2): 1035–1054.

© Springer Fachmedien Wiesbaden GmbH, ein Teil von Springer Nature 2019
J. Schröter, *Medien und Ökonomie,* Medienwissenschaft: Einführungen kompakt, https://doi.org/10.1007/978-3-658-26191-7

Altheide, David L., und Robert P. Snow. 1979. *Media logic.* Beverley Hills: Sage.

Altmeppen, Klaus-Dieter, und Matthias Karmasin, Hrsg. 2003. *Medien und Ökonomie: Band 1/1: Grundlagen der Medienökonomie: Kommunikations- und Medienwissenschaft, Wirtschaftswissenschaft.* Wiesbaden: Westdeutscher Verlag.

Aspray, William, und Paul E. Ceruzzi, Hrsg. 2008. *The internet and American business.* Cambridge: MIT Press.

Avanessian, Armen, und Gerald Nestler, Hrsg. 2015. *Making of finance.* Berlin: Merve.

Baecker, Dirk. 2018. *4.0 oder die Lücke die der Rechner lässt.* Berlin: Merve.

Bardt, Hubertus und Michael Hüther. 2018. Wir brauchen smarte Angebotspolitik. *Frankfurter Allgemeine Zeitung,* 10. August, 184: 16.

Baringhorst, Sigrid, und Holler Simon. 2006. Medienindustrie. Die „vergessene Theorie" der politischen Ökonomie der Massenkommunikation. In *Media Marx. Ein Handbuch,* Hrsg. Jens Schröter, Gregor Schwering, und Urs Stäheli, 367–379. Bielefeld: Transcript.

Bartz, Christina, und Monique Miggelbrink. 2013. Werbung: Einleitung in den Schwerpunkt. *Zeitschrift für Medienwissenschaft* 9 (2): 10–19.

Baxandall, Michael. 1988. *Die Wirklichkeit der Bilder: Malerei und Erfahrung im Italien des 15. Jahrhunderts.* Frankfurt a. M.: Suhrkamp.

Beck, Hanno. 2011. *Medienökonomie. Print, Fernsehen und Multimedia,* 3. Aufl. Heidelberg: Springer.

Beech, Dave. 2015. *Art and value. Art's economic exceptionalism in classical, neoclassical and marxist economics.* Leiden: Brill.

Beniger, James. 1986. *The control revolution: Technological and economic origins of the information society.* Cambridge: Harvard University Press.

Benkler, Yochai. 2002. Coase's Penguin, or, Linux and „The Nature of the Firm". *The Yale Law Journal* 112 (3): 369–446.

Bergermann, Ulrike. 2015. *Leere Fächer: Gründungsdiskurse in Kybernetik und Medienwissenschaft.* Münster: LIT.

Beverungen, Armin, und Ann-Christina Lange. 2017. Zeitlichkeit und Kognition im Hochfrequenzhandel. *Archiv für Mediengeschichte* 17: 9–20.

Bissell, Chris. 2007. Historical perspectives – The Moniac. A hydromechanical analog computer of the 1950s. *IEEE Control Systems Magazine* 27 (1): 59–64.

Bowker, Geoffrey. 1994. Information mythology. The world of/as information. In *Information acumen. The understanding and use of knowledge in modern business,* Hrsg. Lisa Bud-Frierman, 231–247. London: Routledge.

Bratton, Benjamin H. 2015. *The stack: On software and sovereignty.* Cambridge: MIT Press.

Brecht, Bertolt. 1968. *Gesammelte Werke,* Bd. 18. Frankfurt a. M.: Suhrkamp.

Brown, Elspeth H. 2005. *The corporate eye: Photography and the rationalization of American commercial culture, 1884–1929.* Baltimore: John Hopkins University Press.

Bruch, Rüdiger vom. 1980. Zeitungswissenschaft zwischen Historie und Nationalökonomie: Ein Beitrag zur Vorgeschichte der Publizistik als Wissenschaft im späten deutschen Kaiserreich. *Publizistik* 25 (4): 579–605.

Brynjolfsson, Erik. 1993. The productivity paradox of information technology. *Communications of the ACM* 36 (12): 67–77.

Brynjolfsson, Erik, und Andrew McAfee. 2011. *Race against the machine: How the digital revolution is accelerating innovation, driving productivity, and irreversibly transforming employment and the economy.* Lexington: Digital Frontier Press.

Bundeszentrale für politische Bildung. 2014. *Ökonomie und Gesellschaft: Zwölf Bausteine für die schulische und außerschulische politische Bildung.* Paderborn: Bonifatius.

Burczak, Theodore A. 2006. *Socialism after Hayek.* Ann Arbor: University of Michigan Press.

Callon, Michael, Yuval Millo, und Fabian Muniesa. 2007. *Market devices.* Malden: Blackwell.

Callon, Michel, Hrsg. 1998. *The laws of the markets.* Oxford: Blackwell.

Castoriadis, Cornelius. 1990. *Gesellschaft als imaginäre Institution: Entwurf einer politischen Philosophie.* Frankfurt a. M.: Suhrkamp.

Cave, Martin. 1980. *Computers and economic planning: The Soviet experience.* Cambridge: Cambridge University Press.

Chiapello, Eve. 2007. Accounting and the birth of the notion of capitalism. *Critical Perspectives on Accounting* 18 (3): 263–296.

Coase, Ronald H. 1937. The nature of the firm. *Economica* 4 (16): 386–405.

Cockshott, W. Paul, und Allin Cottrell. 2006. *Alternativen aus dem Rechner: Für sozialistische Planung und direkte Demokratie.* Köln: PapyRossa.

Colander, David, Richard Hold, und Barkley Rosser Jr. 2004. The changing face of mainstream economics. *Review of Political Economy* 16 (4): 485–499.

Conrad, Lisa. 2017. Plantafel-Planung. *Augenblick* 68:65–78.

Coopey, Richard. 2004. A passing technology: The automated teller machine. In *Wiring prometheus: Globalisation, history and technology,* Hrsg. Peter Lyth und Helmut Trischler, 175–192. Aarhus: Aarhus University Press.

Cortada, James. 2004. *The digital hand I: How computers changed the work of American manufacturing, transportation, and retail industries.* Oxford: Oxford University Press.

Cortada, James. 2006. *The digital hand II: How computers changed the work of American financial, telecommunications, media, and entertainment industries.* Oxford: Oxford University Press.

Cortada, James. 2008. *The digital hand III: How computers changed the work of American public sector industries.* Oxford: Oxford University Press.

Cortada, James. 2012. *The digital flood: The diffusion of information technology across the U.S., Europe, and Asia.* Oxford: Oxford University Press.

Cuonz, Daniel, Scott Loren, und Jörg Metelmann, Hrsg. 2018. *Screening economies. Money matters and the ethics of representation.* Bielefeld: Transcript.

Davies, Glyn. 2002. *A history of money: From ancient times to the present day.* Cardiff: University of Wales Press.

Deleuze, Gilles. 1993. Postskriptum über die Kontrollgesellschaften. In *Unterhandlungen 1972–1990,* Hrsg. Gilles Deleuze, 254–262. Suhrkamp: Frankfurt a. M.

Dobusch, Leonhard, und Jakob Kapeller. 2012. Heterodox United vs. Mainstream City Sketching a framework for interested pluralism in economics. *Journal of Economic Issues* 46 (4): 1035–1057.

Dommann, Monika. 2011. Handling, Flowcharts, Logistik: Zur Wissensgeschichte und Materialkultur von Warenflüssen. *Nach Feierabend. Zürcher Jahrbuch für Wissensgeschichte* 7:75–103.

Dommann, Monika, Vinzenz Hediger, und Florian Hoof. 2018. Medienökonomien. Einleitung in den Schwerpunkt. *Zeitschrift für Medienwissenschaft* 18 (1): 10–17.

Dow, Sheila C., und John Hillard, Hrsg. 2002. *Keynes, uncertainty and the global economy.* Cheltenham: Elgar.

Doyle, Gillian. 2013. *Understanding media economics.* Los Angeles: SAGE Publications.

Dyer-Witheford, Nick. 2013. Red Plenty Platforms. *Culture Machine* 14:1–27.

Egenhofer, Sebastian. 2008. *Abstraktion, Kapitalismus, Subjektivität: Die Wahrheitsfunktion des Werks in der Moderne.* München: Fink.

Ellenbürger, Judith. 2018. Bausteine zu einer Medialität des Geldes. *MEDIENwissenschaft Rezensionen* 4:372–382.

Ernst, Christoph et al. Hrsg. 2015. 3D-Druck: Perspektiven auf ein neues Phänomen. *Sonderheft Sprache und Literatur* 46 (115/116). (erschienen 2017).

Esposito, Elena. 2010. *Die Zukunft der Futures: Die Zeit des Geldes in Finanzwelt und Gesellschaft.* Heidelberg: Carl-Auer.

Essinger, James. 1987. *ATM networks: Their organization, security and future.* Oxford: Elsevier.

Eversmann, Ludger. 2014. *Projekt Post-Kapitalismus: Blueprint für die nächste Gesellschaft.* Hannover: Heise.

Fischbach, Rainer. 2017. *Die schöne Utopie: Paul Mason, der Postkapitalismus und der Traum vom grenzenlosen Überfluss.* Köln: PapyRossa.

Flamm, Kenneth. 1988. *Creating the computer. Government, industry and high technology.* Washington, D.C.: The Brookings Institution.

Fotopoulos, Takis. 1997. *Towards an inclusive democracy: The crisis of the growth economy and the need for a new liberatory project.* London: Cassell.

Franck, Georg. 1998. *Die Ökonomie der Aufmerksamkeit. Ein Entwurf.* München: Hanser.

Frölich, Margrit, und Rembert Hüser, Hrsg. 2011. *Geld und Kino.* Marburg: Schüren.

Fuchs, Christian, und Vincent Mosco, Hrsg. 2016. *Marx and the political economy of the media.* Leiden: Brill.

Gallarotti, Giulio M. 1995. *The anatomy of an international monetary regime: The classical gold standard, 1880–1914.* New York: Oxford University Press.

Gerovitch, Slava. 2002. *From newspeak to cyberspeak: A history of Soviet Cybernetics.* Cambridge: MIT Press.

Gießmann, Sebastian. 2017. Ein amerikanischer Standard: Kreditkarten als soziale Medien. *Archiv für Mediengeschichte* 17: 55 68.

Gilliland, Cora Lee C. 1975. *The stone money of Yap: A numismatic survey.* Washington: Smithsonian Institution Press.

Gleeson-White, Jane. 2015. *Soll und Haben: Die doppelte Buchführung und die Entstehung des modernen Kapitalismus.* Stuttgart: Klett-Cotta.

Golumbia, David. 2016. *The politics of bitcoin: Software as right-wing extremism.* Minneapolis: University of Minnesota Press.

Graeber, David. 2012. *Schulden. Die ersten 5000 Jahre.* Stuttgart: Klett-Cotta.

Gredel, Eva, Iuditha Balint, Patrick Galke-Janzen, Thomas Lischeid, und Markus Raith, Hrsg. 2019. *Ökonomie und Bildmedien. Bilder als Ausdrucksressource zur Konstruktion von Wissen.* Berlin: De Gruyter.

Grieveson, Lee. 2018. *Cinema and the wealth of nations. Media, capital and the liberal world system.* Oakland: University of California Press.

Grisold, Andrea. 2004. *Kulturindustrie Fernsehen: Zum Wechselverhältnis von Ökonomie und Massenmedien.* Wien: Löcker Verlag.

Gugerli, David. 2018. *Wie die Welt in den Computer kam: Zur Entstehung digitaler Wirklichkeit.* Frankfurt a. M.: Fischer.

Haigh, Thomas. 2001. Inventing information systems: The systems men and the computer, 1950–1968. *The Business History Review* 75 (1): 15–61.

Haigh, Thomas. 2011. The history of information technology. *Annual Review of Information Science and Technology* 45 (1): 431–487.

Hardach, Gerd, und Sandra Hartig. 1998. Der Goldstandard als Argument in der internationalen Währungsdiskussion. *Jahrbuch für Wirtschaftsgeschichte* 1:125–144.

Hayek, Friedrich August von. 2007. Die Verwertung des Wissens in der Gesellschaft. In ders. *Wirtschaftstheorie und Wissen. Aufsätze zur Erkenntnis- und Wissenschaftslehre,* Hrsg. Viktor Vanberg, 57–70. Tübingen: Verlag Mohr Siebeck. (Erstveröffentlichung 1945).

Heidenreich, Stefan. 2017. ~~Geld.~~ *Für eine non-monetäre Ökonomie.* Berlin: Merve.

Heilmann, Till A. 2015. Datenarbeit im ‚Capture'-Kapitalismus: Zur Ausweitung der Verwertungszone im Zeitalter informatischer Überwachung. *Zeitschrift für Medienwissenschaft* 13 (2): 35–48.

Heinrich, Jürgen. 1999. *Medienökonomie. Band 2: Hörfunk und Fernsehen.* Opladen: Westdeutscher Verlag.

Heinrich, Jürgen. 2001. *Medienökonomie. Band 1: Mediensystem, Zeitung, Zeitschrift, Anzeigenblatt* (zweite überarbeitete und aktualisierte Aufl.). Wiesbaden: Springer Fachmedien.

Heinrich, Jürgen. 2002. Medienökonomie. In *Medienökonomie in der Kommunikationswissenschaft: Bedeutung, Grundfragen und Entwicklungsperspektiven; Manfred Knoche zum 60. Geburtstag,* Hrsg. Gabriele Siegert, 47–55. Münster: LIT.

Heitmann, Lars. 2018. Eine Gesellschaft nach dem Geld? Geschichtlicher Ort, Ausprägungen und Perspektiven gegenwärtiger Ansätze postmonetären Wirtschaftens. In *Postmonetär denken: Eröffnung eines Dialoges,* Hrsg. Projekt Gesellschaft nach dem Geld, 9–79. Wiesbaden: Springer VS.

Helfrich, Silke, und Heinrich-Böll-Stiftung, Hrsg. 2012. *Commons: Für eine neue Politik jenseits von Staat und Markt.* Bielefeld: transcript.

Hesse, Jan-Otmar. 2002. *Im Netz der Kommunikation. Die Reichs-Post- und Telegraphenverwaltung 1876–1914.* München: Beck.

Hesse, Jan-Otmar. 2006. Information und Wissen in der ökonomischen Theorie. Überlegungen zum Zusammenhang von Mediengeschichte und Geschichte der Wirtschaftswissenschaft. In *Ökonomien des Medialen: Tausch, Wert und Zirkulation in den Medien- und Kulturwissenschaften,* Hrsg. Ralf Adelmann et al., 103–125. Bielefeld: Transcript.

Hesse, Jan-Otmar. 2014. Medienökonomie. In *Handbuch Medienwissenschaft,* Hrsg. Jens Schröter, 466–471. Stuttgart: Verlag J.B. Metzler.

Hodgson, Geoffrey M. 1998. Socialism against markets? A critique of two recent proposals. *Economy and Society* 27 (4): 407–433.

Hodgson, Geoffrey M. 2005. The limits to participatory planning: A reply to Adaman and Devine. *Economy and Society* 34 (1): 141–153.

Holzer, Anton. Hrsg. 2007. Themenheft: Glänzende Geschäfte: Fotografie und Geld. *Fotogeschichte* 27 (105).

Hörisch, Jochen. 2004. *Gott, Geld, Medien: Studien zu den Medien, die die Welt im Innersten zusammenhalten.* Frankfurt a. M.: Suhrkamp.

Hörisch, Jochen. 2014. Geld. In *Handbuch Medienwissenschaft,* Hrsg. Jens Schröter, 239–244. Stuttgart: Verlag J.B. Metzler.

Hoof, Florian. 2015. *Engel der Effizienz. Eine Mediengeschichte der Unternehmensberatung.* Konstanz: Konstanz University Press.

Hughes, Nick, und Susie Lonie. 2007. M-PESA: Mobile money for the ‚unbanked': Turning cellphones into 24-hour tellers in kenya. *Innovations* 2 (1–2): 63–81.

Hutter, Michael. 2006. *Neue Medienökonomik.* München: Fink.

Hutter, Michael. 2018. Wertung in Medienwirtschaft und Medienökonomien. *Zeitschrift für Medienwissenschaft* 18 (1): 18–27.

Ingham, Geoffrey. 2004. *The nature of money.* Cambridge: Polity.

Ingham, Geoffrey, Hrsg. 2005. *Concepts of money: Interdisciplinary perspectives from economics, sociology and political science.* Cheltenham: Elgar.

Jasanoff, Sheila, und Sang-Hyun Kim, Hrsg. 2015. *Dreamscapes of modernity: Sociotechnical imaginaries and the fabrication of power.* Chicago: The University of Chicago Press.

Kathöfer, Jasmin, und Jens Schröter. 2018. Das Geld und die digitalen Medien. In *Postmonetär denken: Eröffnung eines Dialoges,* Hrsg. Projekt Gesellschaft nach dem Geld, 377–399. Wiesbaden: Springer VS.

Keen, Steve. 2011. *Debunking economics: The naked emperor dethroned?* London: Zed.

Keynes, John Maynard. 1937. The general theory of employment. *The Quarterly Journal of Economics* 51 (2): 209–223.

Kiefer, Marie Luise. 2005. *Medienökonomik. Einführung in eine ökonomische Theorie der Medien.* München: Oldenbourg.

Kittler, Friedrich. 1993. *Draculas Vermächtnis: Technische Schriften.* Leipzig: Reclam.

Knies, Karl. 1857. *Der Telegraph als Verkehrsmittel. Mit Erörterungen über den Nachrichtenverkehr überhaupt.* Tübingen: Laupp.

Knight, Frank. 1964. *Risk, uncertainty and profit.* New York: Kelley.

Knoche, Manfred. 1999. Media Economics as a Subdiscipline of Communication Science. In *The German communication yearbook,* Hrsg. Hans-Bernd Brosius und Christina Holtz-Bacha, 69–100. Cresskill: Hampton Press.

Knoche, Manfred. 2001. Kapitalisierung der Medienindustrie aus politökonomischer Perspektive. *Medien und Kommunikationswissenschaft* 49 (2): 177–194.

Knorr-Cetina, Karin. 2012. Von Netzwerken zu skopischen Medien: Die Flussarchitektur von Finanzmärkten. In *Soziologie der Finanzmärkte,* Hrsg. Herbert Kalthoff und Uwe Vormbusch, 31–62. Bielefeld: transcript.

Kohl, Tobias. 2014. *Geld und Gesellschaft. Zur Entstehung, Funktionsweise und Kollaps von monetären Mechanismen, Zivilisation und sozialen Strukturen.* Marburg: Metropolis.

Kopper, Gerd G. 1982a. *Massenmedien. Wirtschaftliche Grundlagen und Strukturen, Analytische Bestandsaufnahme der Forschung 1968–1981.* Konstanz: UVK.

Kopper, Gerd G. 1982b. Medienökonomie – Mehr als „Ökonomie der Medien". Kritische Hinweise zu Vorarbeiten, Ansätzen, Grundlagen. *Media Perspektiven* 2: 102–115.

Krauss, Rosalind. 2000. Raster. In *Die Originalität der Avantgarde und andere Mythen der Moderne: Geschichte und Theorie der Fotografie,* Bd. 2, Hrsg. Herta Wolf, 51–66. Amsterdam: Verlag der Kunst.

Krauß, Florian, und Skadi Loist. Hrsg. 2018. Medienindustrien. Aktuelle Perspektiven aus der deutschsprachigen Medienwissenschaft. *Navigationen* 18 (2).

Lange, Ann-Christina, Marc Lenglet, und Robert Seyfert. 2016. Cultures of high-frequency trading: Mapping the landscape of algorithmic developments in contemporary financial markets. *Economy and Society* 45 (2): 149–165.

Lange, Oskar. 1972. The Computer and the market. In *Socialist economics: Selected readings,* Hrsg. Alec Nove, 401–405. Harmondsworth: Penguin.

Langenohl, Andreas. 2017. Zum medialen Wandel mathematischer Repräsentationen in der neoklassischen Wirtschaftstheorie. *Archiv für Mediengeschichte* 17: 91–100.

Latour, Bruno. 2006. Drawing things together. Die Macht der unveränderlich mobilen Elemente. In *ANThology. Eine einführendes Handbuch zur Akteur-Netzwerk-Theorie,* Hrsg. Andréa Belliger und David J. Krieger, 259–307. Bielefeld: Transcript.

Le Goff, Jacques. 2011. *Geld im Mittelalter.* Stuttgart: Klett-Cotta.

Leimbach, Timo. 2010. *Die Geschichte der Softwarebranche in Deutschland: Entwicklung und Anwendung von Informations- und Kommunikationstechnologie zwischen den 1950ern und heute.* Dissertation, Ludwig-Maximilians-Universität München, München.

Lohoff, Ernst, und Norbert Trenkle. 2012. *Die große Entwertung.* Münster: Unrast.

Luhmann, Niklas. 1995. *Die Realität der Massenmedien.* Opladen: Westdeutscher Verlag.

Lyotard, Jean-François. 1993. *Libidinal economy.* Bloomington: Indiana University Press. (Erstveröffentlichung 1974).

Machlup, Fritz. 1962. *The production and distribution of knowledge in the United States.* Princeton: Princeton University Press.

MacKenzie, Donald. 1984. Marx and the machine. *Technology and Culture* 25 (3): 473–502.

Mahoney, Michael Sean. 2011. *Histories of computing.* Cambridge: Harvard University Press.

Marx, Karl. 1962. *Das Kapital: Kritik der politischen Ökonomie: Erster Band.* Marx-Engels-Werke, Bd. 23. Berlin: Dietz. (Erstveröffentlichung 1890).

Marx, Karl. 1963. *Das Kapital: Kritik der politischen Ökonomie: Zweiter Band.* Marx-Engels-Werke, Bd. 24. Berlin: Dietz. (Erstveröffentlichung 1893).

Marx, Karl, und Friedrich Engels. 1977. *Marx-Engels-Werke,* Bd. 4. Berlin: Dietz.

Mason, Paul. 2016. *Postkapitalismus: Grundrisse einer kommenden Ökonomie.* Berlin: Suhrkamp.

Maul, Thomas. 2017. *Wert und Wahn (2): Von der Dialektik des Geldes zur antisemitischen Triebökonomie.* Berlin: XS Verlag.

Meretz, Stefan. 2007. Der Kampf um die Warenform: Wie Knappheit bei Universalgütern hergestellt wird. krisis 31. http://www.krisis.org/2007/der-kampf-um-die-warenform/. Zugegriffen: 22. Okt. 2018.

Meretz, Stefan. 2017. Peer-commonist produced livelihoods. In *Perspectives on commoning: Autonomist principles and practices,* Hrsg. Guido Ruivenkamp und Andy Hilton, 417–461. London: Zed.

Meretz, Stefan, und Simon Sutterlütti. 2018. *Kapitalismus aufheben: Eine Einladung, über Utopie und Transformation neu nachzudenken.* Hamburg: VSA.

Mirowski, Philip. 1989. *More heat than light: Economics as social physics, physics as nature's economics.* Cambridge: Cambridge University Press.

Mirowski, Philip, und Edward Nik-Khah. 2017. *The knowledge we have lost in information: The history of information in modern economics.* Oxford: Oxford University Press.

Morgenstern, Oskar, und John von Neumann. 1944. *Theory of games and economic behavior.* Princeton: Princeton University Press.

Morineau, Camille. 2006. *Yves Klein. Corps, couleur, immatériel.* Paris: Centre Pompidou. (Ausst.-Kat., Paris, Centre Pompidou 2006–2007; Wien, Museum Moderner Kunst Stiftung Ludwig 2007).

Mosco, Vincent. 1996. *The political economy of communication. Rethinking and renewal.* London: SAGE.

Ostrom, Elinor. 1999. *Die Verfassung der Allmende: Jenseits von Staat und Markt.* Tübingen: Verlag Mohr Siebeck.

Panayotakis, Costas. 2011. *Remaking scarcity: From capitalist inefficiency to economic democracy.* London: Pluto Press.

Panayotakis, Costas. 2012. Theorizing scarcity: Neoclassical economics and its critics. *Review of Radical Political Economics* 45 (2): 183–200.

Paul, Axel T. 2017. *Theorie des Geldes: Zur Einführung.* Hamburg: Junius Verlag.

Picard, Robert G. 1989. *Media economics. concepts and issues.* London: SAGE.

Preda, Alex. 2006. Socio-technical agency in financial markets: The case of the stock ticker. *Social Studies of Science* 36 (5): 753–782.

Prokla. 2011. *PROKLA. Zeitschrift für kritische Sozialwissenschaft* 164, 41 (3).

Prokla. 2017. *PROKLA. Zeitschrift für kritische Sozialwissenschaft* 187, 47 (2).

Prokop, Dieter. 2000. *Der Medien-Kapitalismus. Das Lexikon der neuen kritischen Medienforschung.* Hamburg: VSA.

Quick, Reiner, und Hans-Jürgen Wurl. 2017. *Doppelte Buchführung. Grundlagen – Übungsaufgaben – Lösungen,* 4. Aufl. Wiesbaden: Springer Gabler.

Reichert, Ramón. 2008. Das narrative Selbst: Erzählökonomie im Web 2.0. In *Erzählen: Reflexionen im Zeitalter der Digitalisierung,* Hrsg. Yvonne Gächter et al., 202–225. Innsbruck: Innsbruck University Press.

Rifkin, Jeremy. 2014. *The zero marginal cost society: The internet of things, the collaborative commons and the eclipse of capitalism.* New York: Palgrave Macmillan.

Ritzer, Ivo. 2018. *Medientheorie der Globalisierung.* Wiesbaden: Springer VS.

Sandoval, Marisol. 2015. Foxconned labour as the dark side of the information age: Working conditions as Apple's contract manufacturers in China. In *Marx in the age of digital capitalism,* Hrsg. Christian Fuchs und Vincent Mosco, 350–395. Leiden: Brill.

Schaller, Andrea. 2017. *Geld. Vom Tauschhandel zum Bitcoin.* Nürnberg: Tessloff.

Schaupp, Simon. 2017. Vergessene Horizonte: Der kybernetische Kapitalismus und seine Alternativen. In *Kybernetik, Kapitalismus, Revolutionen: Emanzipatorische Perspektiven im technologischen Wandel,* Hrsg. Paul Buckermann, Anne Koppenburger, und Simon Schaupp. 51–73. Münster: Unrast.

Schenk, Michael, und Matthias Hensel. 1987. Medienökonomie – Forschungsstand und Forschungsaufgaben. *Rundfunk und Fernsehen* 35 (4): 535–547.

Schlaudt, Oliver. 2011. Marx als Messtheoretiker. In *Kapital & Kritik: Nach der ‚neuen' Marx-Lektüre,* Hrsg. Werner Bonefeld und Michael Heinrich, 258–280. Hamburg: VSA.

Schlaudt, Oliver. 2016. *Wirtschaft im Kontext. Eine Einführung in die Philosophie der Wirtschaftswissenschaften in Zeiten des Umbruchs.* Frankfurt a. M.: Vittorio Klostermann.

Schmelzer, Matthias. 2016. *The hegemony of growth: The OECD and the making of the economic growth paradigm.* Cambridge: Cambridge University Press.

Schreiber, Anne. 2018. Organisation durch Kommunikation: Medien des Managements in den USA Anfang des 20. Jahrhunderts. *Zeitschrift für Medienwissenschaft* 18 (1): 28–36.

Schröter, Jens. 2004. *Das Netz und die Virtuelle Realität: Zur Selbstprogrammierung der Gesellschaft durch die universelle Maschine.* Bielefeld: transcript.

Schröter, Jens. 2015. Das mediale Monopol des Staates und seine Verteidigungslinien. *Zeitschrift für Medien- und Kulturforschung* 6 (2): 13–24.

Schröter, Jens. 2016. Performing the economy, digital media and crisis: A critique of Michel Callon. In *Performing the digital: Performance studies and performances in digital cultures,* Hrsg. Martina Leeker, Immanuel Schipper, und Timon Beyes, 247–275. Bielefeld: transcript.

Schröter, Jens. 2018. Das Geld und die Medientheorie. *Zeitschrift für Medienwissenschaft* 18 (1): 59–72.

Schröter, Jens. 2019. Digitale Medientechnologien und das Verschwinden der Arbeit. In *Mensch und Maschine: Freund oder Feind?* Hrsg. Thomas Bächle und Caja Thimm, 183–210. Wiesbaden: Springer VS.

Schröter, Jens, Ludwig Andert, Carina Gerstengarbe, Karoline Gollmer, Katharina Lang, Daniel Köhne, Doris Ortinau, Anna Schneider, und Xun Wang. Hrsg. 2010a. Kulturen des Kopierschutzes 1. Analog. *Navigationen* 10 (1).

Schröter, Jens, Ludwig Andert, Carina Gerstengarbe, Karoline Gollmer, Katharina Lang, Daniel Köhne, Doris Ortinau, Anna Schneider, und Xun Wang. Hrsg. 2010b. Kulturen des Kopierschutzes 1. Digital. *Navigationen* 10 (1).

Schuhmann, Annette. 2012. Der Traum vom perfekten Unternehmen: Die Computerisierung der Arbeitswelt in der Bundesrepublik Deutschland (1950er- bis 1980er-Jahre). *Zeithistorische Forschungen/Studies in Contemporary History* 9 (2): 231–256. http://www.zeithistorische-forschungen.de/2-2012/id=4697. Zugegriffen: 22. Okt. 2018.

Schumann, Matthias, und Thomas Hess. 2009. *Grundfragen der Medienwirtschaft,* 4. Aufl. Berlin: Springer.

Schüttpelz, Erhard. 2016. Infrastrukturelle Medien und öffentliche Medien. http://dokumentix.ub.uni-siegen.de/opus/volltexte/2016/998/. Zugegriffen: 22. Okt. 2018.

Schüttpelz, Erhard. 2017. Medienrevolutionen und andere Revolutionen. *Zeitschrift für Medienwissenschaft* 17 (2): 147–161.

Sevignani, Sebastian. 2016. Kritische Politische Ökonomie. In *Handbuch Medienökonomie,* Hrsg. Jan Krone und Tassilo Pellegrini. Wiesbaden: Springer VS. https://doi.org/10.1007/978-3-658-09632-8_3-1. Zugegriffen: 22. Okt. 2018.

Shapiro, Carl, und Hal R. Varian. 1999. *Information rules: A strategic guide to the network economy.* Boston: Harvard Business School Press.

Shell, Marc. 1978. *The economy of literature.* Baltimore: John Hopkins University Press.

Shell, Marc. 1995. *Art and money.* Chicago: University of Chicago Press.

Sombart, Werner. 1902. *Der moderne Kapitalismus, Band 1: Die Genesis des Kapitalismus.* Leipzig: Duncker & Humblot.

Srnicek, Nick, und Alex Williams. 2015. *Inventing the future: Postcapitalism and a world without work.* London: Verso.

Srnicek, Nick. 2017. *Platform capitalism.* Cambridge: Polity.

Stäheli, Urs. 2007. *Spektakuläre Spekulation: Das Populäre der Ökonomie.* Frankfurt a. M.: Suhrkamp.

Stalder, Felix. 2016. *Kultur der Digitalität.* Berlin: Suhrkamp.

Steele, David Ramsay. 1992. *From Marx to Mises: Post-capitalist society and the challenge of economic calculation.* La Salle: Open Court.

Stiglitz, Joseph E. 2000. The contributions of the economics of information to twentieth century economics. *The Quarterly Journal of Economics* 115 (4): 1441–1478.

Strauß, Harald. 2016. *Der bearbeitete Planet: Systematik, Ethik und Ökonomik der nachhaltigen Entwicklung.* Berlin: Parodos.

Thomas, Karin. 2002. *Kunst in Deutschland seit 1945.* Köln: DuMont Verlag.

Toscano, Alberto. 2008. The open secret of real abstraction. *Rethinking Marxism: A Journal of Economics, Culture & Society* 20 (2): 273–287.

Toussaint-Desmoulins, Nadine. 2015. *L'Économie des Médias,* 9. Aufl., Paris: PUF.

Vanoli, André. 2005. *A history of national accounting.* Washington, D.C.: IOS Press.

Virilio, Paul. 1980. *Geschwindigkeit und Politik. Ein Essay zur Dromologie.* Berlin: Merve.

Vogl, Joseph. 2002. *Kalkül und Leidenschaft. Poetik des ökonomischen Menschen.* München: Sequenzia.

Vogl, Joseph. 2010. *Das Gespenst des Kapitals.* Zürich: Diaphanes.

Vonderau, Patrick. 2013. Theorien zur Produktion. Ein Überblick. *Montage/AV* 22 (1): 9–32.

Watts, Cedric. 1990. *Literature and money: Financial myth and literary truth.* New York: Harvester Wheatsheaf.

Weatherford, Jack McIver. 1999. *Eine kurze Geschichte des Geldes und der Währungen. Von den Anfängen bis in die Gegenwart.* Zürich: Concett Verlag bei Oesch.

Weinhold, Angela. 2015. *Unser Geld und die Wirtschaft.* Ravensburg: Ravensburger Buchverlag.

Wessling, Ewald. 1991. *Individuum und Information. Die Erfassung von Information und Wissen in ökonomischen Handlungstheorien.* Tübingen: Mohr.

Wimmer, Judith. 2012. Der Rhythmus des Geldes: Eine Neusichtung von Antonionis L'Eclisse mit Georg Simmel. In *Michelangelo Antonioni: Wege in die filmische Moderne,* Hrsg. Jörn Glasenapp. 133–152. München: Fink.

Winkler, Hartmut. 2004. *Diskursökonomie: Versuch über die innere Ökonomie der Medien.* Frankfurt a. M.: Suhrkamp.

Woll, Artur. 2001. Geschichte der Geldtheorie im 20. Jahrhundert. In *Monetäre Institutionenökonomik,* Hrsg. Dietrich von Delhaes-Guenther, Karl-Hans Hartwig, und Uwe Vollmer, 381–400. Stuttgart: Lucius & Lucius.

Wray, L. Randall. 2012. Introduction to an alternative history of money. http://www.levyinstitute.org/pubs/wp_717.pdf. Zugegriffen: 22. Okt. 2018.

Yates, JoAnne. 1984. Graphs as a managerial tool: A case study of Du Pont's use of graphs. MIT. https://dspace.mit.edu/bitstream/handle/1721.1/48031/graphsasmanageri00yate.pdf?se. Zugegriffen: 5. Dez. 2018.

Zaloom, Caitlin. 2006. *Out of the pits: Traders and technology from Chicago to London.* Chicago: Chicago University Press.

Printed in the United States
By Bookmasters